MICHEL DION

Uma francesa no candomblé · A busca de uma outra verdade
OMINDAREWA

Pallas

Rio de Janeiro
Impresso no Brasil

1ª edição em 1998, ISBN 2-7384-6480-7
Publicado originalmente na França pela editoraL'Harmattan,
título original: *Mémoires de Candomblé: Omindarewa Iyalorisá*

Editor:
Cristina Fernandes Warth

Coordenação Editorial:
Heloisa Brown

Tradução:
Antônio B. Carioca

Copidesque e Revisão:
Sandra Pássaro

Editoração Eletrônica:
Vera Barros

Capa:
Pedro Gaia

Fotos de Capa:
Jerônimo Marinho dos Santos

Todos os os direitos para a língua portuguesa reservados à Pallas Editora e Distribuidora Ltda.
É vetada a reprodução por qualquer meio mecânico, eletrônico, xerográfico, etc.
sem a permissão prévia por escrito da editora, de parte ou da totalidade do
conteúdo e das imagens contidas neste impresso.

CIP-BRASIL. CATALOGAÇÃO-NA-FONTE.
SINDICATO NACIONAL DOS EDITORES DE LIVROS, RJ.

D624o   Dion, Michael
            Omindarewa : uma francesa no candomblé, a busca de uma outra ver-
       dade / Michael Dion [tradução do original francês, Antônio B. Carioca] – Rio de
       Janeiro: Pallas, 2002.

            Tradução de : Mémoires de candomblé: Omindarewa Iyalorisá
            Inclui bibliografia e glossário
            Pallas – ISBN 85-347-0255-1

            1.Omindarewa, ialorixá, 1923- – Biografia. 2. Candomblé. 3. Mães-
       de-santo – Biografia. I.Título.

01-1248
                                               CDD 922.996
                                               CDU 92:299.6

Pallas Editora e Distribuidora Ltda.
Rua Frederico de Albuquerque, 56 – Higienópolis
21050-840 – Rio de Janeiro – RJ
Telefax.: (0XX21) 2270-0186
E-mail: pallas@alternex.com.br
Home page: www.pallaseditora.com.br

*A Manoel, ao Papai e à Mãezinha,
Sítio do Pai Adão, Recife.*

SUMÁRIO

PREFÁCIO   7
INTRODUÇÃO   9
PARTE I – Encantar o mundo   15
PARTE II – Os caminhos de uma contestação   33
PARTE III – A aventura   47
PARTE IV – Entre a França e o Brasil (1956-1972)   59
PARTE V – Iá   79
PARTE VI – A vida no terreiro   91
PARTE VII – Uma palavra do interior do candomblé   111
CONCLUSÕES   143
ANEXO: Sobre a história e a simbologia do candomblé   149
GLOSSÁRIO   161
BIBLIOGRAFIA   167

PREFÁCIO

Esta obra de Michel Dion é muito rica e valiosa porque retrata assuntos marcantes da vida de Omindarewa, uma garota francesa nascida em Marrocos, esposa de diplomata; uma elegante mãe de família que se transforma em mãe espiritual de tantos outros filhos, hoje em dia uma experiente senhora de mais de setenta anos de vida, acolhida e respeitada pelos próprios pares.

Gisele Cossard, esta garota francesa, foi chamada desde o nascimento pelo orixá, o que é surpreendente, sendo ela uma mulher de nascimento e origem européia.

Muitos outros lugares poderiam lhe servir de berço acolhedor pelo nascimento, tendo em vista a profissão do pai. Contudo, nasceu no limite entre a Europa e a África: viu a luz, pela primeira vez, em Marrocos, um lugar onde a cultura africana é forte e ativa, a começar pela tradição musical respeitada. Nada mais natural do que esta "francesa africana" ser chamada pelo orixá em sua plenitude. A divindade escolhe quem a merece. Quando, aos 36 anos, Gisele é escolhida por Iemanjá para ser sua filha dileta, tudo se explica. Esses fatos esclarecem que, para o orixá, não há fronteiras étnicas ou quaisquer que sejam.

A resposta de Omindarewa ao seu orixá, a senhora de todas as águas – Iemanjá – foi total e corajosa. Ela aceitou a vocação em sua plenitude, sem preconceitos ou medo. Gisele é uma mulher do orixá. Serve o orixá e vive para o orixá plenamente.

Cumpriu sua missão de mulher; casou-se, teve filhos, estudou, escreveu, foi e é mestra, filha, mãe, esposa e ialorixá dedicada.

Pelo que vemos nesta obra, Omindarewa veio ao mundo em igualdade de condições a muitos afro-descendentes que foram escolhidos pela divindade ancestral para servirem-na e, assim, dar sua contribuição à humanidade, o que a torna um ser humano de fé e de força, verdadeiro paradigma para os mais jovens que, nela, terão um espelho límpido e transparente.

Como diz, com muita propriedade, o escritor desta obra, o candomblé não é mais uma religião proscrita, é simplesmente uma religião que nos faz reviver a tradição religiosa africana que é, sem dúvida, uma das mais antigas da humanidade.

Este livro é um deleite. Quem nunca teve a oportunidade de estar com Gisele, ao ler estas páginas tão sensíveis vai querer conhecer esta figura que pode ser considerada o exemplo de espiritualidade e entrega ao orixá, sem que, com isto, tenha deixado de lado a importante contribuição científica que legou ao mundo, na condição de antropóloga dedicada à pesquisa.

Tenho certeza que os primeiros tempos de iniciada devem ter sido de grande impacto para Gisele. O dia-a-dia de uma casa de axé é difícil de entender. Desde o amanhecer até o anoitecer as surpresas do cotidiano vão se desenrolando como uma novela cheia de movimento e colorido. E, nesse dia-a-dia, o tempo passa e o neófito se transforma em mestre. Assim é a vida de quem sabe viver amorosamente sua opção espiritual.

Observando o eterno vai-e-vem das ondas do mar, a decisão das ondas no ir e vir, concluímos que esta filha de Iemanjá é imbatível. Uma mulher que saber o que quer e persegue energicamente seus objetivos.

Interessante tomarmos conhecimento da força e determinação que a acompanham desde criança até a adolescência e idade adulta, uma vida marcada pela experiência da guerra, de viver em um mundo plural e de ser obrigada a adaptar-se às mais diversas situações. A sua trajetória espiritual não poderia ser diferente, sempre marcada por acontecimentos ímpares. Ao longo da leitura, você vai construir uma idéia sobre a trajetória religiosa de Gisele sob a ótica sensível do autor. Uma tese como esta é de grande contribuição para os estudiosos, para os *omorixás* e, sem dúvida, para o leitor leigo, ávido de conhecimento e farto de preconceitos.

Vamos ler com carinho.

Mãe Stella de Oxóssi
Ialorixá do Ilê Axé Opô Afonjá

INTRODUÇÃO

Gisèle *Omindarewa* Cossard, francesa, nasceu em 1923 em Tanger, no Marrocos, onde seu pai era professor secundário. O Marrocos, situado na ponta extrema da África, porta de acesso ao Ocidente e, na época, um protetorado francês, é atravessado desde a mais alta antigüidade por múltiplas correntes políticas, religiosas, culturais, organizadas em confrarias *gnawa*, que continuam marcando profundamente a cultura marroquina. As *músicas atuais*, ainda chamadas de *músicas do mundo*, inspiram-se em seus cantos nos deuses africanos, nas suas danças, onde as pessoas entram em transe, e os integram aos seus ritmos[1]. O pai de Gisèle tinha sido enviado com uma guarnição de tropa para o Marrocos no final da Primeira Guerra Mundial (1914-1918). Alguns meses depois, foi desmobilizado, mas, fascinado por esse país, retorna após seu casamento e permanece lá até 1925. Para a Gisèle criança, a suntuosa coleção de objetos de arte que seus pais trouxeram de lá, bem como suas histórias de viagens, constituem uma interminável fonte de deslumbramento.

Por sua vez, em 1949, ela descobre a África, onde permanece por quase oito anos. Quando retorna à França, em 1956, vai viver em Angoulême, cidade situada a uns 500km, a sudoeste de Paris, que conta atualmente com aproximadamente cinqüenta mil habitantes. No início de 1959, quando parte para o Rio, saberia ela na época que um monge franciscano, e cosmógrafo, Thévet, primeiro francês a "inventar" o Brasil (1557, edições Lestringant, 1997), que ele descobre em 1555, tinha também partido desta cidade? Mas, se Thévet, nomeado "cosmógrafo do rei" após sua viagem, só permanece algumas semanas no Brasil – doente, ele praticamente não vê nada do Novo Mundo que suscita então muitas controvérsias na França –, Gisèle *Omindarewa*

---

[1] *Pâques*, ver in Poirier, J. e Raveau, F. (1976). A cultura *gnawa*, impregnada de sofismo e até mesmo de judaísmo, transmitiu-se oralmente até hoje de Maalem (mestre) a Maalem nas confrarias de antigos escravos, em Marrakech e Essaaouira, sobretudo onde acontece o Festival da Cultura *gnawa*. Jimi Hendrix (1942-1970) inspirou-se na música *gnawa* para criar o que chamamos seu *rock voudou*.

até hoje ainda mora no Brasil. Foi aí onde ela fundou, em 1974, um terreiro de Candomblé[2] em Santa Cruz da Serra, na Baixada Fluminense.

Ela entra em transe, pela primeira vez, em dezembro de 1959, no terreiro de nação angola, que Joãozinho da Gomea, vindo de Salvador em 1946, fundara em Caxias. Filha de *Iemanjá*, ela aceita fazer a sua iniciação no final de 1960, quando recebe o nome africano de *Omindarewa* (*omi* = água, *arewa* = beleza; *bela água clara*), o signo de sua nova identidade. Em 1963, ela retorna à França com a esperança de voltar um dia para o Brasil, onde veio fazer suas oferendas em 1966 e em 1970. Retorna ao Brasil em 1972 e compra um sítio em Santa Cruz da Serra. Na época em que se instalou, segundo ela, só havia três centros de Candomblé. Atualmente, deve haver uns quinze ou mais centros de Umbanda. A vida de um terreiro, sempre ligado ao *axé* (força divina: por extensão, o objeto suporte desta força) da pessoa que o dirige, é aleatória e qualquer recenseamento é difícil, senão impossível, pois, se o *babá/ialorixá*[3] morre, o centro pode até desaparecer.

Este livro, convite e iniciação à descoberta de um mundo que talvez já estivesse desaparecido para sempre, é a narração de uma dupla mudança de vida, espiritual e social. Ele propõe elementos de resposta para uma pergunta: por que e como Gisèle, "a Francesa", tornou-se *Omindarewa* e, desde a fundação de seu Candomblé, passou a ser *Iá*, a mãe?

O Candomblé não é mais uma religião proscrita e perseguida que, sem dúvida, a partir do final do século XVIII, para nascer e sobreviver, elabora-se de início no seio de um catolicismo imposto durante quatro séculos pelos senhores brancos e por seus sacerdotes. Também não é esta religião que, no século XX, sociólogos brancos, encantados, tentaram descrever a teologia com seus conceitos e suas teorias. É simplesmente uma religião que, nos "subúrbios" das grandes cidades brasileiras, nos faz reviver a tradição religiosa africana, sem dúvida uma das mais antigas da humanidade.

---

[2] A palavra *Candomblé* tem uma origem duvidosa e muito controvertida. Ela designa, segundo o seu contexto, ou a religião, ou o local do culto ou, enfim, a festa organizada em honra de um deus.

[3] A palavra *babá/ialorixá* designa a pessoa que dirige o terreiro quando o sexo não é especificado; *ialorixá* quando se trata de uma mulher; *babalorixá* quando se trata de um homem.

As sociedades humanas sempre produziram suas próprias margens. Hoje chamadas de "subúrbio", elas são formidáveis cadinhos de criação cultural e religiosa, onde as sociedades não param de se alimentar para reproduzir-se, renovar-se. Fala-se muito do "vazio", sobretudo cultural, do subúrbio, mas poder-se-ia dizer o mesmo da pobreza. É preciso aprender a vê-la por trás das aparências e, para a cultura, procurá-la onde ela se encontra, em cada ser humano que a traz em si, expressando-a como pode.

No Brasil, como em qualquer lugar, a mais comum das culturas do "subúrbio" é a "cultura do boteco": para uma maioria de pessoas, as "conversas de botequim", que são trocas, sonhos, podem se tornar uma forma de criação cultural. Em Santa Cruz da Serra há muitos botecos, muitas vezes uma barraca em um canto de rua, onde se vêem, ainda hoje, mais homens do que mulheres. Em algumas noites, há orquestras improvisadas com um tocador de violão ou outro instrumento rudimentar (vara de ferro, garrafas, caixas de fósforos etc.) para tocar músicas brasileiras que são modificadas ao serem ouvidas (forrós, pagodes, serestas); algumas vezes, com a ajuda da cerveja, elas podem terminar por cantos de desafio. Há também o futebol: o mínimo espaço de terra plana, usado como campo de futebol, permite desenhar, com a bola no pé, mil e uma figuras de balé; algumas delas, com uma prodigiosa beleza, são pura magia ou sonho e conduzem o seu criador aos estádios, à celebridade, algumas vezes. Enfim, as *novelas* que, por bem ou por mal, acionam os imaginários e fazem agora parte da cultura brasileira. Alguns de seus heróis, ou de suas heroínas, tornam-se ícones e igualam-se aos deuses que adoramos e que transformam o tempo dedicado a uma oração, a uma oferenda...

Omindarewa contribuiu para o desenvolvimento desta cultura do "subúrbio" de Santa Cruz da Serra, e, como agora ela é conhecida, de todo o Brasil. Por vezes, tenta-se "explicar" o seu destino excepcional, sobretudo na França, fazendo-se referência à teoria de seu compatriota Bastide, que dirigiu sua tese de doutorado em sociologia sobre o Candomblé, defendida em 1970 na Sorbonne. Ele veio ao Brasil em 1938 e sucedeu a Lévi-Strauss que, com outros universitários franceses, participou, em 1934, da fundação da Faculdade de Filosofia, Ciências e Letras da Universidade de São Paulo (USP). Em 1945, Bastide publica em português os resultados de sua primeira pesquisa sobre os Candomblés de Salvador e do Recife (*Imagens do Nordeste em Preto e*

Branco). Neste livro importante encontram-se as bases da teoria que ele desenvolve, em 1960, na sua obra mais célebre: *As Religiões Africanas no Brasil*. Em *Imagens*, ele compara e opõe o que chama "o misticismo dos Negros da Bahia" ao misticismo cristão ou muçulmano" . Do primeiro, ele diz que "é preciso situá-los (os Negros da Bahia, M.D.) em um conjunto que engloba quase todos os povos freqüentemente chamados "não-civilizados", ou "semicivilizados". Em seguida, acrescenta: "Enquanto o misticismo cristão ou muçulmano consiste em uma longa ascensão da alma para Deus, até que ela se perca nele, o outro misticismo consiste em fazer descer Deus, ou o espírito, por rituais apropriados, para que ele tome possessão, por um momento, da alma de seu adorador. O mais alto grau desta possessão é entrar em transe". Ele afirma, igualmente, que "a filosofia do *Candomblé* não é uma filosofia bárbara, mas um pensamento sutil, que ainda não deciframos totalmente".

Este "resumo" da teoria de Bastide, naquela época uma das mais compreensíveis escritas sobre esta religião, é apresentada na tradução francesa da obra (1978) como *"O Essencial da Descoberta de Bastide na Bahia"*. Veremos como ela não pode ser escolhida para explicar a experiência de vida de Gisèle *Omindarewa*. Veremos, na mesma ocasião, por que Bastide, ao prever o desaparecimento progressivo do Candomblé em favor da Umbanda (op. cit. 1960: cf. infra) talvez tenha se enganado sobre este ponto; e, enfim, por que ele não conseguiu "decifrar" a "filosofia" do Candomblé.

Este livro contribui para isto. Um primeiro capítulo, impressionista, fala do choque de minha descoberta do Candomblé no terreiro de *Iá*, onde venho regularmente desde 1993, aproximadamente um mês por ano, como "observador participante". Os três capítulos seguintes contam os meandros da revolta de uma menina que entra na vida querendo "fazer tudo como os meninos". Por que, como esta garota, quando se torna mulher, chega a ser doutora em sociologia com uma tese, ainda inédita, na qual descreve minuciosamente as diferentes fases de sua iniciação ? Os três últimos capítulos são um mergulho no universo do Candomblé. Falam também das rupturas da *Iá* , não somente com um modo de vida "à francesa" que podemos qualificar de burguês, mas com um modo de pensar "missionário/ etnológico", também tipicamente francês, cujos criadores, tratando-se do Brasil, são Thévet et Léry (1578, edições Lestringant, 1994). Ela foi precedida neste caminho de rupturas em cadeia por um de seus compatriotas, o *babalaô* Pierre *Fatumbi* Verger[4] que foi seu amigo, um modelo e um de seus mestres na arte do mistério da adivinhação. Enfim, através de elementos esparsos do livro, apresento em anexo, para os leitores interessados, uma breve síntese sobre a simbologia e a história do *Candomblé*.

De início, quero agradecer a *Iá* que demonstrou confiar em mim e teve muita paciência diante de minhas incessantes questões, mesmo quando julgava que não deveria respondê-las. Tanto quanto me foi possível, escondi-me atrás destas narrações, mas sou o único responsável por eventuais erros de interpretação ou outros. Agradeço igualmente aos filhos de santo e aos dignitários do *terreiro* que me aceitaram com muita gentileza. As observações de Bertrand e Claude, filhos da *Iá*, que leram a primeira versão francesa do manuscrito, foram preciosas, bem como as de Béatrice Charrié, Heidi Charvin, Elisabeth Demont, Stéphane Dion. As leituras atentas do manuscrito feitas por Idelette Muzart-Fonseca dos Santos e por Eliana Sampaio ajudaram-me a dar forma definitiva à edição francesa. Agradeço também a Monique Augras, professora da Pontifícia Universidade Católica (PUC) do Rio de Janeiro, psicóloga e antropóloga francesa radicada no Brasil, que escreveu muito sobre o *Candomblé* e a cultura brasileira. Sua ajuda nunca me faltou.

Strasbourg–Santa Cruz da Serra, 1996-1999

---

[4] Pierre *Fatumbi* Verger (*Fatumbi*, nascido de novo no *Fá*) era também fotógrafo e etnólogo. Iniciado nos mistérios da adivinhação na África nos anos 1950 (cf. infra), ele foi pesquisador no CNPS (Centro Nacional de Pesquisa Científica) e viveu em Salvador de 1946 até sua morte. O *babalaô* consulta o *Ifá*, divindade da adivinhação que preside o destino dos homens. As consultas se fazem geralmente através de cauris, antigos búzios, que outrora serviam como moeda na África Oriental. Influência delas em seu dia-a-dia. É aí que o sagrado intervém.

PARTE I

ENCANTAR O MUNDO

Sair da França, após dez horas de vôo, para viver ao ritmo do Candomblé é uma experiência fora do comum. É deixar um continente onde as religiões não encantam mais, por um mundo sobrenatural onde passamos, a todo instante, da terra ao além, do presente ao passado, do Brasil à África. Um mundo do *símbolo* (do grego *sumbolon*: pedaço de um objeto partilhado entre duas pessoas para servir de signo de reconhecimento entre elas (Petit Robert) no qual tudo é força e troca de forças; um mundo, talvez mesmo, de antes do "dom". O *Ópó Afonjá* é de origem *Ketu*, reino iorubá do Benim criado pelos iorubás, vindos de *Ifá*, na Nigéria, nos primeiros séculos da nossa era. Através do *Ifá*, que no século XIII era um grande reino africano, urbanizado, o povo *Ketu* mergulha suas raízes na civilização Nok (primeiro milênio antes de nossa era), sem dúvida o berço da cultura iorubá. No século XVIII o povo Fon, seus vizinhos, destruiu este reino Ketu, dizimou a população e vendeu os sobreviventes aos traficantes de negros. Gente do povo, sacerdotes, príncipes, todos acorrentados no porão dos navios, mas batizados, partiram para o Novo Mundo de Ouidah (Benin), a "costa dos Escravos".

No Brasil, mas também nas Antilhas, seus herdeiros recriaram, no seu imaginário, o mundo africano de onde o tráfico negreiro os havia arrancado. Este mundo tem suas leis, sua língua, seu vocabulário, com uma ortografia ainda incerta. Em princípio, a gestão do mundo sacro está na base do poder absoluto do *baba/ialorixá* no seu terreiro; mas não é, como no nosso mundo e nas suas igrejas, um poder de Estado. No Candomblé, o poder tem duas fontes intimamente ligadas: a África e seu mundo sobrenatural ao qual sempre retornamos; a busca sem fim de uma identidade humana contra os traumatismos deixados por quatro séculos de escravidão. É costume serem chamados de pai, mãe, filho ou filha-de-santo os membros de um Candomblé que entram em transe. Estas denominações não correspondem mais à realidade, pois se tratava somente de uma máscara imposta outrora pela repressão católica. Da mesma maneira como a assimilação das divindades africanas aos santos da Igreja era baseada em uma similitude de detalhes picturais dados pelas coleções de imagens produzidas pelos católicos. Segundo a tendência atual, de recusar qualquer sincretismo no Candomblé, as palavras africanas são conservadas, quando não existe a palavra portuguesa equivalente. Quando ela existe, usa-se ou a palavra africana, ou a portuguesa.

O choque da pesquisa de campo

Conheci "Madame Cossard", como a chamava naquela época, num dia de primavera em 1992, e passei algumas horas em seu *terreiro*. Desejando fazer uma pesquisa sobre a "vida de um *terreiro*", acabava de chegar do Recife onde ficara um mês; porém, minhas concepções sobre a pesquisa de terreno eram tão diferentes das dos antropólogos com os quais desejava trabalhar, que me fora impossível começar a pesquisa. Indo, a título de reconhecimento, a Santa Cruz da Serra, um ano depois, em novembro de 1993, fiquei lá e volto todos os anos durante aproximadamente um mês. Progressivamente, a pesquisa centrou-se sobre os relatos das experiências vivenciadas pela *Iá* e a idéia de contar sua vida impôs-se pouco a pouco.

Em todos os lugares onde fiz pesquisas, antes de começar esta no Brasil, sempre quis viver perto das pessoas. Alojava-me, ora na "casa dos habitantes" dos vilarejos, ora em modestos hotéis de cidadezinhas francesas, e mais tarde, da Romênia. Mesmo se as leis e os códigos, sobretudo na Romênia, sob a ditadura comunista, diferiam daqueles aos quais estava acostumado, e se permanecia em todos os lugares como um estrangeiro, vivia no mesmo mundo das pessoas que encontrava. Esperava, assim, poder saltar a barreira para ter uma idéia sobre uma nova forma de vida. No Brasil, isto não é possível, pois, pelo menos no Rio, estranha comunidade urbana, os mundos sempre me pareceram separados em simbiose. A "cidade" é um conjunto de dois mundos, o tecido urbanizado com seus bairros, tendo cada um sua personalidade própria, e a favela.

"O subúrbio", que também possui suas favelas, forma um terceiro tecido prisioneiro entre "a cidade" que avança, e o campo que recua.

Sabia, por "Madame Cossard", que não existe nenhum hotel próximo de sua casa. Sou casado com a Eliana, uma *carioca*, e poderia ter ficado, durante a pesquisa, nos belos bairros da "cidade": Santa Teresa, Ipanema, Leblon etc., mas recusei. Além do fato de que isto ia de encontro à minha ética de pesquisa de campo, havia experimentado esta maneira de agir no Recife, em 1992, e tinha jurado que não repetiria este tipo de experiência: ou viveria na intimidade dos *orixás* durante a pesquisa, ou então faria outra coisa.

Na casa dos Orixás

Cheguei ao Rio no final de outubro de 1993. Informara "Madame Cossard" da minha data de chegada mas, quando telefonei, disseram-me que ela estava ausente por alguns dias. Enfim, quando pude contatá-la, ela me disse que deveria ausentar-se novamente e propôs que viesse instalar-me em sua casa, na sexta-feira seguinte. Conhecendo-a há pouco, não ousara pedir-lhe isto. Estava extremamente feliz. Depois de ter ficado mofando quase uma semana, achando que não poderia começar esta pesquisa, sem saber onde alojar-me, tudo parecia enfim resolvido. Naquela época, não conhecia uma regra fundamental do Candomblé: vai lá quem quiser, ninguém é barrado, pois sempre há uma esteira onde dormir e um prato *de feijão com arroz*, mas não basta querer para ficar! Sem pensar mais no caso, contento-me em observar feliz que, nessa sexta-feira, o dia de meu aniversário, os *orixás* fazem muito bem as coisas.

No dia combinado, tomo um ônibus de uma linha regular: Rio–Santa Cruz da Serra. Aproximadamente uma hora depois, desço no "Posto de Saúde", e após ter perguntado, como me fora recomendado, "onde é a casa da Francesa que todo mundo conhece", chego ao *terreiro*. Já é o final da manhã. Fui recebido por um enorme cão de guarda agitado e por uma garota negra, toda vestida de branco, evidentemente informada de minha chegada; fui conduzido, através de um viçoso e luxuriante jardim, até a varanda da casa, onde me disseram para sentar. A garota me diz que a *"Iá"* (no momento eu não conhecia a expressão, mas deduzi tratar-se de "Madame Cossard") não ia demorar. Com o tempo, pude perceber que não tinha tido sorte naquela semana, porque geralmente a *"Iá"* está no terreiro, nunca se ausentando por vários dias seguidos.

A varanda

Nas paredes pintadas à cal, destacam-se máscaras africanas cor de ébano, *bamiléké*, que fiquei sabendo depois, onde pássaros tinham feito seu ninho. Nas paredes laterais, de um lado, um antílope entalhado em madeira, do outro, duas placas esculpidas em madeira cor de ébano representando cenas de caça. Um outro painel representando uma mulher segurando um pássaro e uma cabaça, ornam a pilastra de uma parede com largas aberturas para o jardim. Misturado ao canto ininterrupto vindo de um viveiro cheio de periquitos e à tagarelice de um papagaio, o tique-taque de um velho relógio me faz lembrar o campo, na minha infância. Revejo o rosto da minha mãe, costurando, enquanto eu lia sentado perto dela. A garota traz um cafezinho numa bandeja de estanho, muito doce para o meu gosto, e um copo de água gelada. Ela tinha ido prepará-lo na cozinha que podemos adivinhar, contra a luz do Sol, do outro lado do terraço. Atravessou o que deve ser uma sala de jantar, pois no local há uma imensa mesa de madeira marrom; uma imponente poltrona, algumas cadeiras com espaldar alto, de madeira e couro, no mesmo tom de marrom e estilo "colonial" da mesa, terminando por dar um ar solene e de bom gosto ao conjunto. Na hora da refeição pude ver, pendurados na parede, adagas africanas, lanças e troféus de caça dispostos ao redor de uma tampa de cabaça de vime colorida.

O revestimento do chão é de ardósia. Fico pensando em meu pai que passou toda uma vida entalhando este tipo de pedra em uma cabana exposta a todos os ventos; em seus dedos rachados pelo frio do inverno, que ele "protegia" dos cortes das placas de ardósia com pedaços de câmaras de ar de bicicletas; em seu reumatismo; em suas crises de raiva, por razões sindicais ou outras. A varanda é dividida em três espaços. Em um canto, uma mesa redonda e as mesmas cadeiras que rodeavam a mesa de madeira maciça da sala de jantar; um banco de madeira escura do mesmo estilo, com almofadas coloridas, mas em tons delicados de verde-azulado, com fundo branco. Tudo isto nada tinha de solene. No centro, uma mesinha baixa de ferro trabalhado serve de suporte para uma bandeja de cobre martelado de aproximadamente um metro de diâmetro. Três sofás estão colocados ao redor. No terceiro espaço, no fundo da varanda, duas poltronas antigas estão acompanhadas de uma mesa baixa de cerâmica com um grande recipiente entalhado em um bloco de madeira, esculpido e fechado por uma tampa de vime e de couro. Ele não contém mais os grãos para os quais fora destinado, mas uma rede com ganchos fixados na parede.

As plantas e os pássaros

Samambaias da Amazônia e diversas plantas em *xaxins* caem das bordas do teto da varanda. Parece uma tela de folhagens suspensas no ar. Duas ou três pequenas garrafinhas de plásticos transparentes, cheias de água, estão penduradas entre os *xaxins*; os *beija-flores* volteiam numa velocidade vertiginosa para, em seguida, imobilizarem-se no ar e pousarem o bico delicadamente nos buracos em forma de flor, na base das garrafinhas. Aparentemente, é o terreno reservado a eles, pois são impiedosos com os caga-sebo que surpreendem bebendo a água deles. Outras plantas, samambaias, orquídeas e chifres-de-veado estão colocadas sobre o parapeito que circunda a varanda. Enquanto a sala de jantar parece um pouco solene, os sofás e as poltronas da sala de visitas, num ambiente cheio de verde, exalam a alegria de viver, num clima de paz.

O jardim

A varanda dá para o jardim. As palmas dos quatro coqueiros ornamentais plantados ao seu redor se curvam graciosamente, quase rentes ao chão, formando uma arcada natural e fazendo a transição entre a varanda e o jardim. O encantamento do ano anterior volta a mim quando, junto com Eliana, vim pela primeira vez ao encontro de "Madame Cossard". A harmonia da vegetação, sempre a mudar; cores que o Sol torna transparentes; de todos os matizes do verde, como para servir de pano de fundo aos buquês de folhas púrpura, verde-amarelado, às flores vermelhas ou amarelas que caem em cachos das árvores ou que sobem em direção ao céu, solitárias. As alas se perdem sob os coqueiros, as mangueiras, as bananeiras ornamentais, majestosas, e também outras espécies desconhecidas. Os troncos de algumas árvores sagradas são rodeados por um *ojá* (uma longa e estreita faixa de tecido, branco ou colorido) e, no pé destas árvores, *talhas*.

As "casas dos *orixás*"

Na entrada da propriedade, imensos bambus escondem pequenas casas pintadas de branco, cobertas de telhas, que "Madame Cossard" nos havia mostrado rapidamente no ano anterior. São as casas dos *orixás*. A cabana de *Exu*, uma divindade masculina, o guardião da porteira e mensageiro dos deuses, é a mais próxima da entrada. Ele tem múltiplas funções. Dotado de todos os defeitos e de todas as qualidades possíveis, nada se pode fazer sem ele, ou contra ele. Suas cores são o vermelho e o preto. Oferendas lhe são feitas antes de qualquer cerimônia, sacrifício de animais ou outras.

Estas casas estão harmoniosamente dispostas ao longo do muro do jardim e escondidas pela vegetação. Cada *orixá* tem a sua. *Exu* também. Nas paredes de sua casa estão coladas penas de galinha, *axé* indicando que ele "comeu" (as oferendas que lhe foram feitas). As casas abrigam altares e as insígnias simbolizando os *orixás*, os vasos sagrados das *iaôs*, suas esposas. Cada vaso contém os elementos que caracterizam o *orixá*: pedras, moedas, metais, cauris etc. As oferendas e os sacrifícios ao *orixá* se fazem na casa dele.

A divindade que reina sobre o terreiro, *Iemanjá*, da qual a *Iá* é filha, tem duas peças: uma sala chamada "a sala de *Iemanjá*" e um quarto. A sala serve de guarda-vestidos para os *orixás*, cuidadosamente guardados (alguns tendo já 20 anos) e o quarto que abriga o altar habitual. *Iemanjá* é divindade feminina e uma das divindades *iorubá* da água, personificando a maternidade. Considerada a mãe de todos os *orixás*, suas cores são o branco e o azul-claro. Sua festa é no dia 31 de dezembro, no Rio, e 2 de fevereiro, em Salvador. Um dos mais belos romances de Jorge Amado, *Mar Morto*, lhe é consagrado.

Dois *orixás*, *Oxumarê*, serpente arco-íris, considerado a força vital que dá movimento ao mundo, e *Ossâim*, divindade das folhas, têm um altar no jardim. O de *Oxumarê* é ao pé de uma mangueira. O tronco, imponente, dividido em dois a aproximadamente um metro do solo, está rodeado de dracenas, arbustos ornamentais plantados em círculo. Algumas orquídeas nasceram aí e descem ao longo do tronco. A seu pé, duas urnas foram depositadas de cada lado de um vaso cheio de barro, onde se colocaram três barras de ferro, torcidas. Cauris e contas vermelhas ornam a superfície do vaso. *Oxumarê*, divindade bissexuada, que mora na terra e no céu, é como um traço de união entre estes dois mundos. É um *orixá* muito poderoso, pois ele envia a chuva, fonte de toda riqueza. O altar de *Ossâim* é um vaso cheio de barro, ornado de cauris no qual sete flechas de ferro, com as pontas viradas para o céu, estão plantadas. O final da sétima flecha tem a forma de um pássaro, do mesmo metal. Divindade masculina, suas cores são o verde e o branco, o verde e o preto. Seu altar está ao lado da casa de *Oxóssi*, divindade da caça, com o qual ele vive na floresta. *Oxóssi*, divindade masculina, ama as cores vivas e claras, especialmente o azul-turquesa.

As pessoas do *Candomblé*

Da varanda, que é um ponto de observação privilegiado, vejo no jardim, ou sentadas ou em pé, algumas pessoas dos dois sexos, pretos, brancos e mestiços. Elas devem ter entre trinta e cinqüenta anos. Com exceção de dois homens, de bermuda e sem camisa, elas estão todas vestidas de branco. Uma garotinha negra, vestida com um delicado vestido de flores e dois garotos de bermudas, um negro e o outro mestiço, sendo que um deles mal sabe andar, correm no jardim.

Uma mulher negra, sem usar o que eu chamaria de "uniforme", sem dúvida uma empregada, trabalha na cozinha. Ela colocou a toalha na mesa e dois pratos na ponta, sendo que um deles diante da poltrona. Com exceção da cozinha, onde se trabalha sem parar, as pessoas, no jardim, não se ativam muito, os homens de bermudas (operários?) um pouco mais do que os outros. Ao meio-dia, eles param o trabalho e partem, certamente para almoçar. As crianças continuam a brincar; ralham com elas, às vezes, levanta-se uma pá, desloca-se um carrinho-de-mão e todos se põem novamente a conversar, um cigarro após o outro, sempre me olhando. Quem são eles? Por que estão ali? Estão sonhando com o quê?

A *Iá* chegou

Quando a *Iá* chega, também vestida de branco, a vida do *terreiro* sai da letargia. Desde o momento em que se ouviu o barulho do carro dela na rua, em frente ao portão, logo aberto, todo mundo se agita. Apesar da hora avançada, ninguém tinha almoçado. *Iá* "põe todo mundo em ação", segundo uma expressão que lhe é familiar, ralha com uns e com outros, porque sua cama não tinha sido feita. Ela toma banho e nos colocamos à mesa. Os pratos à mesa são para ela e para mim. A empregada traz a comida e a *Iá* serve todo mundo. Todos esperam, com seu prato, em silêncio; alguns, antes de serem servidos, se agacham ao pé da poltrona onde ela se instalou antes de ir, com o prato cheio, comer em outro lugar.

Comemos com pressa, pois ela esperava algumas pessoas que haviam organizado uma reunião em sua casa para "falar de Candomblé". Fui convidado para fazer parte do debate. Ela passara a semana fazendo trabalhos de santo num terreiro da Ilha do Governador e estava chegando de lá. "Vamos voltar amanhã, para a festa pública."

Este "nós" seguramente me incluía e, de repente, sinto-me envolvido no turbilhão do *Candomblé*, do qual nunca sairei.

A visita da propriedade

O meu quarto tinha sido preparado durante o almoço. Ele é idêntico a seis outros e estão situados em uma construção perto do portão de entrada, dividida em dois blocos por um corredor. Estas peças, com o chão revestido de ardósia, são como células de monges com quatro camas-beliches construídas em cimento e cobertas com um colchonete. Na entrada da construção, há um chuveiro e os banheiros. Só mais tarde, na outra parte da construção, terei um "verdadeiro" quarto com duas camas de solteiro e um banheiro individual, que não havia sido construído na minha primeira estada. Todos estes cômodos são destinados ao alojamento das pessoas de passagem, clientes vindos de longe, ou convidados para as festas, não podendo voltar para casa tarde da noite.

Durante minha primeira visita em 1992, a casa e a varanda estavam em obras. Os móveis tinham sido transportados e empilhados no barracão, atrás da casa, onde "Madame Cossard" nos recebera. Entramos nele por uma ala coberta e cimentada. O *barracão* é um grande espaço coberto e cimentado, sem paredes, com o teto enfeitado por uma profusão de bandeirinhas de papel de seda de todas as cores que farfalham ao primeiro vento. Há também uma entrada pela rua, com uma casinha de *Exu*. A ala coberta que se segue, conduz ao *roncó* (*ro* = mostrar o caminho, *Kó* = ensinar); uma pequena peça sem janelas com o chão de terra batida, onde são feitas as iniciações, e as outras casas de *Orixá*. Um *mariô*, palma de dendezeiro desfiada, está suspenso acima de cada porta e protege estes espaços sagrados contra as almas (cf. infra).

Entramos em seguida numa vasta cozinha com o chão de cimento, a dos *orixás* dando para o jardim. Ela tem dois fornos, um de tijolos que funciona com lenha e o outro a gás. Todos os animais sacrificados nas oferendas são depenados aqui, cortados e preparados. Pendurados no teto, secos, testículos dos cabritos sacrificados. Perto da cozinha há o *sebaji* (fon, *segbeji*), sala das *iaôs*, onde elas dormem em esteiras, no chão. Elas guardam aí suas malas, contendo o material indispensável para viver no seio da comunidade. Num pequeno pátio, ao lado, há os banheiros e as lavanderias, mas tudo muito rudimentar.

No final desta ala coberta, para a qual dão outros quartos de *orixá*, um espaço fechado, serve para os banhos rituais: o teto se prolonga no jardim até dracenas plantadas em círculo. O chão é revestido de ardósia. Uma torneira, dois baldes, uma esponja vegetal e sabão, colocados sobre um banquinho, indicam que estamos efetivamente num banheiro. É nele que se tomam, antes das oferendas e dos sacrifícios, todos os banhos de purificação: primeiro, um banho normal, seguido de um banho de folhas.

Um Candomblé Caprichado

A propriedade comporta duas outras casas de habitação compradas mais tarde. Uma, situada depois do barracão, chamada "casa dos *ogãs*" pois, a uma certa época, *ogãs* moravam nelas (cf. infra). A outra, atrás dos quartos de hóspedes, era, na época em que comecei esta pesquisa, a "casa do Luís", *otun babalaxé* (o braço direito, cf. infra). Para chegarmos até a "casa dos *ogãs*", é preciso atravessar um jardim com uma criação de galinhas-d'angola destinadas à venda. Nele, estão as plantas utilizadas no Candomblé, ou para os banhos de folhas, ou como remédios. O que confirma, com os comentários da *Iá*, o fato de o Candomblé estar intimamente ligado à natureza. No ano anterior, já tinha ficado surpreso, mas sem dar a devida importância, com o fato de que, para me falar das folhas no Candomblé, o babalorixá do terreiro Pai Adão em Recife, Manuel Papai, ficara longamente parado embaixo da árvore sagrada do centro, o *iroco*. O livro de Pierre Verger sobre este assunto (1995) nos ajuda a tomar consciência desta dimensão ecológica essencial do Candomblé.

No prolongamento da construção, onde está meu quarto, nove imensos reservatórios de água alimentam a propriedade. A água é bombeada de uma cisterna de trinta mil litros, colhida da chuva ou, quando há, da água da rua. Estes reservatórios, cobertos pela vegetação e como suspensas no ar, formam como uma espécie de pórtico que devemos transpor para chegar a um terceiro jardim; de um lado, o canil de cães de guarda, do outro, um galpão dividido em boxes onde há sempre porcos ou cabritos. A *Iá* costuma dizer, como acometida por um vírus de criação – "o meu atavismo de campesina da Vendée" –, que já tentou criar tudo o que é possível: coelhos, porcos, carneiros, cabritos, galinhas-d'angola, galinhas de raça e até mesmos peixes em uma propriedade a oitenta quilômetros de Santa Cruz da Serra.

Foi preciso muita hesitação, construir, demolir, reconstruir para que o terreno chegasse à sua forma atual, tão sonhada pela *Iá* há uns vinte e cinco anos. Quando, em 1973, ela depositou seus vasos sagrados na casa, tudo estava por fazer, pois a propriedade, tendo uma piscina em mau estado, não havia sido construída para ser um terreiro. E construir um terreiro não é fácil, sobretudo quando se é mulher, sozinha e estrangeira. Um riacho, cuja nascente era na montanha, antes de atravessar a propriedade, recebia todo o esgoto do bairro. Cansada de ser invadida a cada tempestade, vinte centímetros de água embaixo da cama, em 1990, a *Iá* tomou a louca decisão de elevar todo o solo da propriedade em mais ou menos vinte e cinco centímetros. Isto implicava a canalização do riacho para uma galeria coberta e na remodelação de todas as construções. Ela procedeu por etapas. Estas obras, trabalhos hercúleos, que não imaginava em 1992, estão terminadas e a propriedade não é mais inundada. Foi este o preço que ela teve de pagar para que seu *candomblé* se tornasse caprichado, num "subúrbio" banal do Rio, onde, adoro passear durante o dia.

Santa Cruz da Serra

A aglomeração está comprimida entre as duas auto-estradas que levam a Petrópolis e a Teresópolis e se estende por 2 ou 3km ao longo da estrada que, outrora, D. Pedro II pegava para ir a Petrópolis, sua cidade de veraneio. Quando Gisèle *Omindarewa* lá chegou, era uma cidadezinha com algum comércio e duas igrejas católicas, uma situada perto da auto-estrada e a outra, no Parque Equitativa, o bairro residencial onde ela se instalou. Este bairro foi construído em 1956 por iniciativa da importante fábrica de tecidos *Nova América*. O terreno foi dividido em lotes e vendido para a construção de casas que eram, de início, destinadas aos executivos da fábrica. Hoje, a maioria delas são sítios freqüentados sobretudo durante os fins de semana e, alguns, alugados ao dia a diversas associações políticas, religiosas ou outras, para seus afiliados ou simpatizantes.

Desde 1973 a população do bairro, em aumento constante, como o resto da cidade, diversificou-se muito. Em frente à propriedade da *Iá*, do outro lado da rua, formou-se um bairro muito modesto e chamado, com humor, apesar de não ser, "a favela da francesa". Havia um morro comprado pela *Iá* com a intenção de fazer uma criação de bichos. Em seguida, Nova Campina foi construída bem perto dali e houve muita necessidade de terra; ela mandou destruir o morro, vendeu a terra e dividiu o terreno em lotes destinados à construção.

Hoje, Santa Cruz da Serra é muito heterogênea, no centro há muitas lojas comerciais e zonas residenciais espalhadas no meio de zonas pobres. Esta diversificação da população tomou vulto após a liberação do preço dos aluguéis, nos anos 1970. Isto obrigou muitos cariocas a trocar a "cidade" pelo "subúrbio". Um *shopping-center* foi construído no centro, no início dos anos 1990, mas não funciona bem; ele parece quase luxuoso e deslocado em Santa Cruz, mesmo sendo modesto em relação aos do Rio. Em 1997, uma pista de ciclismo e de pedestres foi inaugurada e instalada ao longo da estrada principal, que é uma das únicas asfaltadas. Um bairro novo, o Parque Paulista, que nasceu como por acaso, está em plena fase de povoamento e tornando-se um segundo centro de comércio. Uma igreja católica estava sendo construída em 1997. Em todos os bairros, ricos ou pobres, temos agora numerosas igrejas ou templos de religiões minoritárias neoprotestantes que quase não existiam quando a *Iá* chegou ao bairro.

Nos bairros residenciais e no centro do vilarejo, valas negras funcionam quase normalmente mas, quando acontece a mínima inundação, deixam de funcionar ou funcionam mal. Em outros lugares, as águas sujas correm para os riachos que transbordam. Em quase todos os lugares, cavalos, vacas e cabritos, presos ou não, pastam, enquanto galinhas ciscam à procura de alimentos nos lixos das descargas públicas. A água é cortada quatro dias por semana e então se utiliza a água das cisternas e reservatórios individuais. Se, por uma razão qualquer – o que acontece várias vezes por ano – o serviço de água está com problemas, as cisternas se esvaziam e é preciso ir buscar a água que desce da montanha através de canalizações improvisadas. O telefone não funciona uma ou duas vezes por semana, ou às vezes, durante uma semana. Há alguns anos, a central telefônica de Xerem pegou fogo e as peças, que deviam ser importadas para o reparo, faltam. Além disso, cabos de cobre são roubados ou desenterrados. Enfim, faltas de luz, que duram alguns minutos ou horas, são freqüentes: "isto é Santa Cruz da Serra", diz a *Iá* fatalista!

Uma pesquisa do *Jornal do Brasil* (11 de maio de 1997) sobre a Baixada Fluminense permite completar e dar maiores precisões sobre a região: na manchete do jornal temos: "É uma região em pleno desenvolvimento econômico com apenas 5% das estradas asfaltadas."

A mortalidade infantil é de 48%, quase o dobro da taxa do Estado do Rio (27%). Trinta e quatro por cento das pessoas entrevistadas em uma pesquisa acham que o problema mais grave para ser resolvido é a falta de hospitais; em seguida, para 25%, vem a violência. É assim que se vive em Santa Cruz da Serra, no Brasil de hoje, oitava potência mundial, sempre um "país novo" com suas zonas de pobreza quase total, suas zonas de riquezas também quase totais e, entre elas, o "subúrbio", onde a infra-estrutura não ultrapassa a de um país do Terceiro Mundo.

É difícil ter noção do nível de vida da população de Santa Cruz da Serra por falta de estatística precisa, mas tudo leva a crer que a pobreza e as duras condições de vida são a regra para a maioria dela. Os supermercados não são luxuosos como os da "cidade". A freqüência do "Posto de saúde", instalado há uns dez anos perto da casa da *Iá,* é outro indicador desta realidade. Se ele tivesse material adequado e medicamentos, não se precisaria ir ao Hospital de Duque de Caxias para emergências, distante uns 15km. Há alguns anos, a *Iá* foi mordida por um de seus cães e não pôde ser tratada no Posto por causa de suas condições precárias. Nos dias de consultas, sobretudo para os recém-nascidos, vemos longas filas na entrada.

A insegurança aumenta e está à altura da desordem do Estado. Fazer justiça por conta própria torna-se cada vez mais freqüente. Em 1995, um adolescente foi morto na igreja do Parque Equitativa onde ele tinha se refugiado depois de jogar pedras no telhado de um sítio: o proprietário, julgando tratar-se de uma tentativa de assalto, começou a persegui-lo com um revólver em punho. Em face da incapacidade da polícia de reprimir o banditismo, as pessoas compram armas ou apelam para redes de matadores clandestinos, sem nenhum procedimento legal, que "limpam" o quarteirão e matam.

Se acharmos que cultura é somente local de distração, sala de espetáculo, cinemas etc. dedicados à diversão, o vazio de Santa Cruz da Serra é sideral, pois não há nem mesmo uma sala de cinema. No entanto, encontramos lojas de locação de vídeos, pois quase todas as casas têm um aparelho de televisão e, cada vez mais, um videocassete. Um grande parque, com inúmeras atrações, fora instalado em 1996, à beira da estrada principal, e foi rapidamente fechado por falta de clientes. Porém, são estes "subúrbios" do Rio que deram e dão títulos de nobreza a criações culturais conhecidas e reconhecidas agora no mundo inteiro, esportivas com o futebol, musicais com o samba, religiosas com os cultos afro-brasileiros, sobretudo o Candomblé e a Umbanda. Hoje, sinais de um tempo e de uma época incapazes de dominar seu caos, as religiões minoritárias neoprotestantes fazem parte integrante desta cultura dos "subúrbios". Como em todas as partes do mundo, elas são muito ativas e virulentas contra todas as outras religiões, particularmente as que não são cristãs.

O relatório a respeito do primeiro dia

Sempre dei muita importância ao meu primeiro contato com um novo terreno de pesquisas, pois neste dia quase sempre tudo se decide. Em 1999 foi mais fácil, do que naquela época, fazer o relatório do meu primeiro dia com os *orixás*. Ainda continuo pensando que ele foi excepcionalmente rico. Em 1993, tinha plena consciência, pela experiência de minhas pesquisas anteriores, de ver tudo, mas de nada entender. Sabia que só tinha noções superficiais das coisas e que era apenas um pouco mais que um simples turista. Via tudo do "exterior", nada do "interior". Não podia descobrir o porquê das coisas, o significado das cerimônias, dos gestos nos rituais. Fugia como da peste de generalizações abusivas como a de um antropólogo brasileiro que, a respeito dos sacrifícios, me assegurou certa vez: "Elas (as pessoas do Candomblé) não sabem o que fazem, mas eu, que li a respeito, sei e posso teorizar sobre eles." Darei agora três exemplos de "coisas vistas" no dia de minha chegada, numa sexta-feira, sem compreendê-las.

O dia de *Oxalá*

Vendo todos vestidos de branco, concluí, como me haviam dito em Recife no ano anterior, que o branco era "símbolo de pureza". Emprestaram-me roupas brancas, após me terem recomendado tomar um banho para poder assistir ao sacrifício de um carneiro ofertado a Xangô [1] no terreiro de Pai Adão, o mais antigo da cidade. Levei várias semanas para entender que o branco, símbolo de pureza, era também

---

[1] No Recife, o Candomblé é chamado Xangô, nome de uma divindade masculina, Deus do trovão, da justiça e ao mesmo tempo um *bon-vivant*, até mesmo um pouco libidinoso. Seu símbolo é um machado neolítico, e é um dos orixás mais poderosos da religião iorubá; suas cores são o vermelho e o branco. *Afonjá*, que deu seu nome à linhagem, do Opó Afonjá era Xangô rei, extremamente cruel, dizem as lendas.

um elemento associado ao Tempo mitológico africano. A sexta-feira é consagrada a *Oxalá*, divindade masculina considerada como o pai de todas as outras. Representando a sabedoria e a paz, ele é tão venerado que nenhum sacrifício, que tenha violência e sangue, se faz na sexta-feira. Neste dia, as pessoas do Candomblé devem se vestir de branco, mesmo na rua. Nos outros dias, podem se vestir com as cores que quiserem, exceto o preto e o roxo, ligados à morte, carregados de negatividade e proibidas. Tentando decifrar outros "enigmas", acreditando o do branco resolvido, não "vi" durante semanas que o branco era a regra de vestimenta só das sextas-feiras. Também não me perguntei por que nesse dia, sempre reservado na casa da *Iá* à arrumação do *terreiro*, vivia-se num ritmo lento, mesmo quando ela estava presente.

No Candomblé, as roupas são codificadas. As mulheres usam uma blusa africana (*bubá*), um pano-da-costa amarrado à cintura, outro ao busto, e um turbante (*ojá*) na cabeça. Os homens vestem uma calça e uma camisa larga sem colarinho (*abadá*). As mulheres não podem usar calças no local sagrado e os homens não podem usar bermudas. Respeitarei as regras. Numerosas fitas de contas referentes a cada um dos *orixás*, usadas por homens e mulheres, estão de acordo com a divindade protetora de cada um deles e com o *orixá* que reina no terreiro, aqui *Iemanjá*.

O ritual das refeições

De início intrigado com todas as coisas que via, levo muito tempo para entender a significação deste ritual, apesar das explicações da *Iá*. Cada refeição é uma cerimônia. Só se sentam à mesa da *Iá* os *ogãs*, *ekedes* e *ebamins* (antigas), bem como os convidados. É sempre a *Iá* que divide a comida, mas ela pode delegar esta incumbência a uma *aiabá* (pessoa que tem um *orixá* feminino). Os que não estão sentados à mesa, agacham-se para receber seu prato, por faixa etária, e oferecem-no ao redor da mesa para ser bento. Em seguida, eles vão comer em outro lugar, seja na cozinha da casa ou na dos *orixás*. A cerimônia da refeição reforça as regras da hierarquia, fundamentais no Candomblé, e lembra o lugar de cada um na comunidade. Ela tem igualmente uma razão prática: a divisão da alimentação é controlada e permite uma repartição igual entre todos, mesmo para os que estão na rua e cujo prato é guardado.

A comida é simples e a mesma para todos: o inevitável feijão com arroz, uma salada, um pouco de carne e alguns legumes. Estes alimentos são servidos em todas as refeições, no almoço e no jantar, só a carne varia de uma refeição para a outra. Acontece que, em certas ocasiões, se come galinha em todas as refeições e durante vários dias. São sobras de oferendas aos *orixás* a quem se oferecem somente os miúdos, os pés, as cabeças, as asas e o peito. A *Iá* se queixa sempre do molho à vinagrete para a salada porque "elas não sabem fazê-lo". Bebem-se água, guaraná, Coca-Cola e, algumas vezes, suco de frutas naturais e, nos dias de festa, cerveja.

A reunião sobre o Candomblé

Na tarde em que cheguei, fui convidado a participar de uma reunião que era organizada por uma jovem universitária iniciada, mas que não fazia parte do terreiro e que parecia ter objetivos políticos. Foi também convidado um jornalista argentino que fazia estudos sobre as religiões brasileiras, e um psiquiatra *babalorixá* que disse ter fechado o seu consultório de psiquiatria para abrir um *terreiro*. A organizadora tinha a intenção de criar uma equipe de pesquisas sobre o Candomblé para ajudar a uma "tomada de consciência" do "povo" do Candomblé; ela contava, tendo em vista seu prestígio, com o apoio da *Iá* que a deixou falar, tentando obter informações mais precisas sobre suas intenções. Porém, rapidamente, a conversa se enrolou (pensei que estava de novo bem no meio de uma discussão inútil de intelectuais parisienses sobre sociologia ou de outro tipo), com os habituais chavões deste tipo de reuniões. A *Iá* propôs, enfim, que o projeto fosse definido com mais clareza. Tratava-se de uma pesquisa e, neste caso, sobre religião, política ou os dois ao mesmo tempo? Todos prometeram se reencontrar. Esta reunião confirmou as minhas intenções de aprender a distinguir o eventual, o acessório, do essencial; não me deixar dominar pela grande quantidade de coisas estranhas às quais não sabia dar um sentido; de não me deixar levar por minhas primeiras impressões, nem aceitar as primeiras "teorias" propostas. Precisava, em suma, mergulhar na "vida de um terreiro", como quisera fazê-lo em Recife, no ano anterior, e tentar descobrir "seu" sentido "profundo". Além disto, estava fascinado pelo personagem da *Iá* que, como Alice, passara "para o outro lado do espelho". Mas qual espelho? O que ela via nele? E para fazer o quê, lá?

PARTE II

OS CAMINHOS DE UMA CONTESTAÇÃO

"Fazer tudo como os meninos"

A família da *Iá*, em ascensão social, pertence à classe média alta, republicana e laica da Terceira República. Seu pai era professor primário e sua mãe, antiga aluna do Conservatório de música de Paris, uma pianista. Os primeiros anos da *Iá* são marcados pelas viagens: Tanger, Paris, Manchester, Nancy e, por fim, Sceaux, perto de Paris.

A família paterna

Seu pai nasceu em 1895, numa família da pequena burguesia de comerciantes rurais da Vendée, no oeste da França. Após terem explorado um forno à cal – o uso dela para aumentar a produção das terras é freqüente durante a segunda metade do século XIX –, os pais dela compram um hotel-restaurante, que é freqüentado sobretudo pelos criadores de gado. No inverno, dava-se sopa para os mendigos que erravam pelo campo; eles comem-na diante da imensa chaminé da cozinha do hotel, de onde as crianças são expulsas por um momento. O pai, quando criança, faz 7km a pé, com tamancos ou de pés no chão, quando os tamancos apertam, para ir à escola pública mais próxima, levando o almoço: uma fatia de pão e feijões brancos.

Nesta época, a França conhece uma verdadeira guerra escolar. A luta entre a Igreja católica e o Estado, pelo controle da educação do "povo", vai trazer de volta, na Vendée e em todas as regiões do Oeste, as divisões, lembranças horrendas da guerra civil que havia dividido os adeptos e os adversários da revolução de 1789. Segundo as lembranças do avô, a família era descendente de um ancestral protestante convertido ao catolicismo em 1685, que estava de acordo com a revogação do Edito de Nantes (cf. infra). A família é católica praticante, mas não "clerical". Os "laicos", como eram chamados no final do século XIX, são partidários da República, descendentes ideológicos dos "patriotas" de 1789, e são poucos na Vendée. Eles se opõem aos "clericais", que perpetuam a tradição dos habitantes da Vendée. O pai da *Iá*, bom aluno, foi enviado para a Escola Normal de Roche-sur-Yon para se tornar professor primário laico. Apesar das acerbadas críticas do pároco do vilarejo, no alto de seu púlpito, durante o sermão do domingo, a família o deixará "na escola sem Deus".

A família materna

A mãe da *Iá* nasceu em 1898 numa família de origem campesina e também de comerciantes, mas urbana: vinhedos e pêssegos plantados de um lado; açougue no bairro da *Butte aux Cailles*, no sul de Paris, do outro. A avó guarda lembranças estarrecedoras da "Commune de Paris", revolução ocorrida em 1871 que ela abomina. Homens considerados "traidores" pelos revolucionários são enforcados e pendurados nos ganchos do açougue, enquanto a família se esconde no subsolo. A criança que acabara de nascer ali é amamentada com o leite de uma cabra, levada ali para alimentá-la. O avô foi atraído para Paris, na segunda metade do século XIX, como dezenas de milhares de outros campesinos. Ele é contramestre/revisor na Imprensa Nacional e possui uma coleção das primeiras edições de livros. Morando no bairro dos Gobelins, no sul de Paris e, "para economizar", ele atravessa toda a capital a pé para ir ao seu trabalho, no bairro de Saint-Lazare, no noroeste de Paris.

A avó é costureira a domicílio. Especializada na confecção de batinas para padres, ela dispõe de uma máquina para fazer os buracos das casas dos botões, que eram costuradas à mão. A mãe da *Iá* costumava dizer que tinha sido criada "num pequeno banquinho", pois sua mãe a fazia sentar-se nele, perto de sua máquina de costura. Graças às economias, os avós conseguem construir, antes da guerra de 1914, um edifício, no bairro da *Butte aux Cailles*. Tendo sentido os dotes artísticos de sua filha única, eles a levam ao teatro, aos concertos e inscreveram-na no Conservatório, onde ela obtém uma primeira medalha de solfejo em 1911, e um primeiro prêmio de harmonia, em 1918.

A família da *Iá*

Mobilizado em 1915 como todos os homens da sua faixa etária, o pai termina a guerra coberto de condecorações como capitão. Ele gostaria de continuar sendo militar – "tinha uma alma de chefe", comenta a *Iá* –, mas foi desmobilizado em 1919, no Marrocos, para onde seu regimento tinha sido enviado. Ele permanece no país, como professor primário, por alguns meses. Em Pornic ele encontra, durante suas férias com a família na Vendée, uma jovem pianista contratada pelo cassino local para a temporada. Eles se apaixonam e se casam pouco tempo depois. O pai pede e obtém um cargo de professor primário em Tanger, onde sua mulher o acompanha e lhe dá uma filha, Gisèle. O pai é professor no ginásio; a mãe dá concertos nos salões do corpo diplomático de Tanger, e suas aulas particulares de piano são apreciadas. Ao percorrerem o Marrocos, adquirem a coleção de objetos de arte que encanta a Gisèle criança.

O ensino primário parece pouco para o pai. Ambicioso, ele decide começar os estudos superiores de inglês, que não fala corretamente. Porém, não tinha feito o *baccalaureat*[1] recusa as dispensas dadas aos antigos soldados da guerra (1914-1918) e o faz com sucesso. O casal parte para Manchester, na Inglaterra, onde o pai obteve um cargo como leitor. A pequena Gisèle fica com a avó materna que era costureira. O pai trabalha sem parar. Sua mulher o encoraja e continua dando aulas de piano e concertos nos salões dos meios universitários. O casal vai estabelecer relações duráveis na Inglaterra. Em 1927, um menino nasce em Paris. Toda a família, a Gisèle também, volta para Manchester. A separação da avó, ponto de referência de sua infância, lhe pesa: as duas se adoravam. Sentindo-se "rejeitada pela mãe", ela tem além do mais a impressão de ser abandonada: "Meu irmão era o queridinho." Ela foi à escola em Manchester e aprendeu inglês.

A infância e a adolescência

Iá não guardou nenhuma lembrança de Tanger, onde passou o primeiro ano de sua vida. Entretanto, o Marrocos iluminou sua infância. A coleção de arte trazida pelos pais é seu ambiente cotidiano, refeito após cada mudança, ela é ninada pelos maravilhosos relatos de viagens: "Minha mãe tinha lágrimas nos olhos quando evocava os esplendores de Marrakech." Quando, no final dos anos 1950, sua mãe modifica o estilo da casa, a *Iá* teve uma grande tristeza. Após a morte de seus pais, ela recuperou as lembranças do Marrocos: os cobres, as cerâmicas, os tapetes e as trouxe para o Rio.

---

[1] *Baccalaureat* – exame conduzido pelo ministério de Educação da França que permite o acesso dos alunos aos cursos universitários.

Em Nancy

Em 1928, o pai obteve sua *agrégation*, foi nomeado professor em Nancy, onde a família permanece até 1933. A *Iá* guardou desta cidade uma "lembrança glacial". Ela estuda dança e começa a aprender a tocar violoncelo: "Minha mãe tocando piano, recusei este instrumento; ela me disse para tocar violoncelo. Estudava uma hora por dia e tocava bem." A mãe deixa aos poucos de dar concertos, mas tem sempre alunos particulares de piano.

Ela batizou os filhos e os levava à missa todos os domingos. O pai, muito frio em relação à religião, apesar de ter tido bons amigos dentro da Igreja, tanto antes quanto após a guerra, não vai à missa. A garotinha usa "chapéu e meias brancas como na música de Charles Trenet", que se põe a cantarolar:

"*Les enfants s'ennuient le dimanche...*
En souliers vernis et en robe blanche,
Le dimanche, les enfants s'ennuient."

(aos domingos, as crianças se entediam
usando sapato de verniz e roupas brancas.)

Sua primeira comunhão vai dar chance a sua mãe para fazer provas de originalidade. Era de tradição que as garotas que iam fazer a primeira comunhão usassem véu de organdi, mas a mãe quer que o seu seja de tule, reservado tradicionalmente às noivas. A mãe ganhou. Após sua crisma, feita no ano seguinte, *Iá* continua a ir à missa aos domingos. Só isto.

O *garçon manqué* de Sceaux

Em 1933, o pai é nomeado professor em Paris. A família muda-se para Sceaux, num subúrbio residencial, e constroe uma casa num loteamento novo, perto do *Parc de Sceaux*. Esta casa, de três andares, muito bem construída, é o fruto dos esforços do grupo familiar. A família da Vendée emprestou dinheiro e os avós maternos venderam o imóvel deles, na *Butte aux Cailles*. No ano seguinte, o pai é nomeado professor no Liceu Lakanal, de Sceaux, a dois passos de sua casa. Com um caráter muito generoso, ele se engaja na luta pela defesa dos direitos dos professores e torna-se secretário do *Sindicato Nacional dos Professores*. Ele compra um carro, quase um luxo ainda naquela época.

A Iá é, de início, aluna do Curso Florian, anexo do Liceu Lakanal destinado às garotas, em *Bourg-la-Reine*, município próximo. Em 1936, um Liceu de garotas, Marie Curie, é aberto em Sceaux, onde seus pais a inscrevem; porém, deve fazer meia hora de caminhada, quatro vezes por dia, entre a escola e sua casa. Apaixonada por literatura, ciências, ela detesta matemática. "No final das contas, se fizer o balanço do ensino que recebi no Liceu, o que foi mais útil para minha existência foram as aulas de costura da sexta e da quinta séries!".

Ela se define como um *garçon manqué*, e evoca maliciosamente suas brincadeiras de "garoto" que fazem tremer, até gritar, sua mãe. "Éramos uma turma de colegas do bairro; fazíamos pára-quedas com as sombrinhas das avós que encontrávamos no sótão; em frente à nossa casa havia uma casa em construção. Subíamos pela corda da polia que servia para alçar os materiais e saltávamos do primeiro andar, num monte de areia, com os guarda-chuvas abertos. Minha mãe gritava 'não salte, Gisèle!' É claro que saltava! Fomos proibidos de brincar na casa em construção. Para nos vingarmos, subimos a bigorna do atelier com a polia até o segundo andar do canteiro de obras. Improvisamos também uma olaria com um forno. Tudo isto para esquecer os sapatos de verniz dos domingos." Estas amizades de infância duraram até a debandada geral de junho de 1940, que dividiu o grupo em pró e contra os alemães.

"Desde a minha mais remota lembrança, sempre quis fazer tudo como os garotos. Foi em Sceaux, lá pelos treze ou quatorze anos", ela lembra, que teve a consciência de não admitir a "condição inferior imposta às mulheres. Não há nenhuma razão, disse a mim mesma, para que as mulheres não façam tudo o que os homens fazem. Eu tinha uma natureza muito independente. Quatro anos mais velha que o meu irmão, eu o achava um molengão e dirigia as atividades. Brincávamos com os seus brinquedos, fazíamos bolhas de sabão e sujávamos tudo de espuma; tínhamos um teatrinho de marionetes construído com jogo de Meccano[2], onde o marquês fazia saudações e a marquesa reverências. Minha mãe ficava chateada por não poder me impor os vestidos de babados com golas de renda. Naquela época, as mulheres não usavam ainda calças compridas. Eu me lembro de que, no inverno

---

[2] Jogo de Meccano – jogo de construção com peças de ferro, armado com parafusos e porcas com os quais se construíam bonecos e objetos que se moviam à base de eletricidade.

de 1940, fazia um frio insuportável! Como o meu colégio estava ocupado pelos alemães, as aulas eram dadas no pequeno castelo de Sceaux, perto da igreja, onde hoje é a Biblioteca Municipal. Fazia um frio terrível e o colégio proibia o uso de calças compridas, mas eu as colocava por baixo da saia: estava de saias!"

Uma outra garota, Geneviève, morava na mesma rua. Ela era tudo o que a mãe de Gisèle teria desejado que a sua filha fosse. Seria por causa disto que uma "amizade inquebrável nasceu entre elas"? Têm a mesma idade, os pais de Geneviève são também professores, mas uma brinca com os garotos e a outra não. A família de Geneviève, "católica e burguesa", educa a filha – os irmãos irão para a Escola Politécnica – "de maneira muito tradicional, muito rígida. Seus penteados, suas roupas, pareciam de outro século. Bem que ela gostaria de brincar conosco, mas a sua família não deixava. Educada num colégio de freiras, ela não brincava na rua. Algumas vezes eu ia brincar de bonecas com ela." Geneviève lhe deu, acrescenta a *Iá*, "um apoio considerável" no que ela chama de seus "anos negros" (cf. infra).

Ela conta igualmente que ficara fascinada com as histórias de aventuras dos "heróis da Idade Média", com as aventuras dos piratas e, no Liceu, com Corneille; "Racine me enchia o saco, com as suas histórias de amor" e ela acrescenta: "Tudo o que li, criança ou adolescente, vivi durante a guerra." Aos dezoito anos é chefe dos escoteiros, na turma dos *Eclaireurs*, escoteiros laicos. Adora crianças e leva seus escoteiros mirins ao vale da Chevreuse, perto de Paris. É também a época em que quis fazer esculturas: leva para casa o barro que pega nas margens da Bièvre, escandalizando sua mãe, "ela suja tudo". Todos os verões passa um mês na Inglaterra, morando com uma família e indo à escola para exercitar seu inglês. Deve fazer esporte, mas detestava jogos com bolas, o *cricket*, tênis etc. Sente saudades dos colegas de Sceaux, dos jogos inventados, e conta os dias que a separam do seu retorno...mas seu inglês é "impecável"! Faz o vestibular, naquela época em duas etapas, em 1940 e 1941, no mais sombrio dos anos da ocupação da França pelo Exército alemão, e depois começa uma licenciatura em inglês.

A guerra

No dia 3 de setembro de 1939, a França e a Inglaterra declaram guerra contra a Alemanha. Seu pai, capitão, é convocado. Em junho de 1940, enquanto a maior parte do Exército francês o espera ao leste, o Exército alemão invade a França pelo norte. Muito breve, ele estará perto de Paris. E a "debandada geral" do Exército francês, mas também do governo, das administrações que fogem da capital para Vichy, pequena estação de águas no centro da França. Para a população das regiões invadidas, em breve acompanhada pelos parisienses, é o "êxodo". Apavoradas com o "avanço alemão", as pessoas partem pelas estradas, levando com elas o que estimam ser mais precioso.

Na debandada geral, o pai da *Iá*, feito prisioneiro, é deportado para a Alemanha. A mãe e as crianças fazem "como todo mundo". Levando a prataria, amontoam-se no carro conduzido pela mãe e se vão: ela tinha obtido a carteira de motorista no ano anterior, mas nunca tinha dirigido. A avó materna mora com eles em Sceaux, desde a morte do marido em 1937, e não entende nada do que está se passando. Dormem ao relento, depois sobre palha, numa fazenda no centro da França. O fazendeiro, com piedade, lhes dá, então, um quarto. Esta epopéia vai durar até setembro de 1940.

A França está dividida em duas. A parte onde fica o Exército alemão é chamada de "ocupada" e a outra, de "livre'. Como eles se encontram na "zona livre", é preciso uma autorização para penetrar na "linha de demarcação" e voltar para Sceaux, na "zona ocupada". Na volta, encontram sua casa que tinha sido requisitada e ocupada pelos alemães. Para recuperá-la, argumentaram que o pai era um oficial, feito prisioneiro na Alemanha; recuperaram primeiro um quarto e, alguns meses após, o resto da casa. Entretanto, durante a guerra, a garagem vai continuar requisitada e abrigará carros alemães. Na qualidade de ex-combatente da guerra de 1914-1918, o pai vai ser libertado em 1942.

A vida durante a guerra

Iá lembra-se de ter tido muita fome. Ela e o irmão têm direito a uma ração de trezentos e cinqüenta gramas de pão por dia, que a mãe pesa todas as manhãs. Algumas vezes, Gisèle corta uma fatia a mais, à noite, da ração do dia seguinte. Enquanto o pai esteve prisioneiro, foi preciso enviar-lhe todos os meses cinco quilos de víveres, retirados da ração familiar. Mais privações para a família. Ela se lembra de ter feito conservas de atum durante as férias na Vendée, na casa dos avós paternos: a mala era tão pesada que não podia carregá-la. Quando se casa, em 1945, só pesava quarenta e dois quilos.

O pai, logo que "voltou do cativeiro", como se dizia naquela época, começa a fazer parte da Resistência como "autônomo". Primeiramente, ele informa seus antigos colegas prisioneiros das reais condições de vida na França que eles ignoram, pois a propaganda alemã mente e a correspondência é censurada. Para fazê-lo, envia-lhes tamancos de madeira parcialmente vazios, nos quais ele esconde mensagens. Mais tarde, utiliza a mesma estratégia para enviar tubos de ensaio contendo bacilos de Koch, que permitiam aos que os recebiam se fazer passar por tuberculosos e serem dispensados. Com o mesmo procedimento, envia falsas carteiras de identidade tão perfeitas, que, sendo controlado dezenove vezes, um foragido não foi descoberto e pôde ganhar a zona livre. Estas falsas carteiras são feitas no subsolo da casa de Sceaux, ao lado da garagem onde se encontram os carros dos alemães. Os carimbos oficiais são procedentes de prefeituras destruídas pelos bombardeios ingleses, no oeste da França, e trazidos por uma rede de resistentes. O material de impressão vem da tipografia Draeger, em Arcueil, uma cidade de operários, na qual trabalha Georges Demazières, um primo da mãe da *Iá*, que se casou com a filha do prefeito comunista.

A casa de Sceaux também serve de esconderijo. Primeiro, a um aviador inglês caído na França, que precisa chegar até a fronteira espanhola. Em seguida, ao primo Georges, salvo *in extremis*. Um dia sua mulher foi informada de que a Gestapo está esperando alguém embaixo do prédio. Por precaução, ela telefona para Sceaux. Para impedirem uma provável prisão, o irmão de Gisèle vai até o ponto do ônibus que o Georges deve pegar, enquanto o pai vai para a saída do metrô: puderam assim acolhê-lo e levá-lo sem problema para Sceaux. Num outro dia, desesperado, um colega de seu pai entra em contato com ele. Seu filho, Jean B., que faz parte de uma rede de informações, acaba de saber que a rede foi desfeita e seus membros, presos. Ele também vai se refugiar em Sceaux e retoma contatos com Londres, de onde o general de Gaulle organiza a Resistência na França, e continua sua atividade.

Gisèle também entra na rede e reproduz os planos das fortificações do litoral da Bretanha destinados às tropas aliadas que preparam o desembarque. Na sua bicicleta, ela serve também de mensageiro. No momento da liberação de Paris, em agosto de 1944, ela atravessa as linhas do *front* ao Sul de Paris e fornece à Divisão Leclerc informações sobre as posições alemãs, o que lhe permite fazer a última etapa para

Paris em melhores condições. Foi assim que conheceu todo o Estado-Maior do general Leclerc. Na Paris liberada e em festa, "sem dúvida a mais bela recordação de toda a minha vida" diz a *Iá*, Jean B. desceu os Champs-Elysées atrás do general De Gaulle. Gisèle descobre que a rede para a qual ela trabalhou, no serviço de Informações *Jade Fitzroy* (rede Aliança II), estava em relação direta com o Estado-Maior do general De Gaulle, em Londres. Ela recebe a "Cruz de Guerra", com uma citação da ordem da Divisão Leclerc.

A pós-Resistência

Depois da guerra, os altos escalões da administração e da política do Estado francês, inclusive uma parte deles que tinha "colaborado", são renovados. Exceto os que conseguiram escapar desta reforma. Estas mudanças se fazem em função das afinidades políticas e das relações de força do momento, entre as diversas correntes políticas oriundas da Resistência.

Sair da Resistência

O pai, do partido de De Gaulle, faz parte do Comitê de apuração da Educação Nacional. "Ele não vai ser um extremista e salvará a carreira de numerosos professores que só tinham agido mal intelectualmente, mas sem tomar parte ativa nas denúncias." Em agradecimento, foi nomeado Inspetor-Geral do Ensino, cargo que vai ocupar até a sua aposentadoria. Para os mais jovens, como Gisèle e Jean B., que decidiram se casar, sair da Resistência é difícil. "A Resistência marcava as pessoas e era preciso um período de readaptação a uma vida normal. Alguns não conseguiram. Após ter vivido na ilegalidade, voltar à vida 'normal' é difícil. Somos 'heróis' e depois, bruscamente, tudo muda: é preciso voltar para a legalidade."

Jean B. tinha saído da École Normale Supérieure e preparava a sua *agrégation* em geografia, interrompida com o seu envolvimento na Resistência. Gisèle interrompe seus estudos de inglês, procura um trabalho: "Eu não tinha realmente escolhido fazer inglês." Teria preferido, depois do vestibular, fazer ciências naturais e biologia, mas precisava saber matemática, que ela detesta. Uma orientação voltada para a sociologia – um de seus primos é pesquisador no Museu de Artes e Tradições Populares – teria também lhe agradado. Ela acrescenta, evocando um dos aspectos de sua vida de *ialorixá*, que é o de ajudar a compreender as pessoas "o que me interessa, é o que as pessoas têm dentro da cabeça, ao retirarmos a tampa dela" que, na época, a psicologia e a sociologia, que a teriam interessado, "não levavam a nada de muito concreto". Ela não pôde entrar para o Museu de Artes e Tradições Populares porque não tinha sua licenciatura. Jean B., através de suas relações da Resistência, obteve um cargo no Comitê da África do Norte, organismo que dependia da Presidência do Conselho, onde Gisèle vai trabalhar como sua assessora. Redigem relatórios sobre a situação econômica e política da África do Norte, então sob o domínio da França. Ela só recebe um "pequeno salário" e vai ocupar este cargo até o nascimento do primeiro filho, em 1946.

O casamento

O relato que ela faz de seu casamento, ocorrido em 1945, é divertido: "A minha mãe queria um casamento na igreja, mas o Jean B. não era batizado e recusava o batismo. Através de um padre, amigo de meu pai, capelão do Colégio da Légion d'Honneur, obteve uma concessão especial por 'feito de guerra'. Mas o marido não existia para a igreja. Na hora teve uma vela do meu lado, do lado dele, não! Casei com um homem que não existia!!!" O casal instala-se em Sceaux, mas a coabitação com a mãe é difícil: "Ela era uma mulher extraordinária, mas nos invadia com sua autoridade. Tinha uma atividade transbordante. Sob este ponto de vista, pareço muito com ela! Era muito elegante. Sempre a vi de saltos altos. Mesmo de manhã, usava um *peignoir* e chinelos de salto alto. Durante o dia, ouvíamos o barulho de seu salto alto. Quando não tinha nada para fazer – geléias, tocar piano etc. –, sempre inventava algo. Fazia muito tricô. Fez toda a tapeçaria da sua sala de estar em *petit point*." Em seguida, Gisèle ficou grávida de novo: "porém não era o momento adequado!" Não retomou o trabalho no Comitê da África do Norte, muito envolvente. Dava aulas de francês para soldados americanos no Instituto Britânico.

Em 1947, pouco tempo depois do nascimento do segundo filho, Jean B. obteve sua *agrégation*, mas Iá lembra-se sobretudo da coqueluche dos filhos: naquela época era uma doença infantil grave, mortal às vezes. Para o primeiro filho não contaminar o segundo, recém-nascido, ela deixa o primeiro na casa da mãe dela e vai morar com a sogra no bairro Onze de Paris, porém a estratégia não adiantou. Sua sogra, a filha de um diretor de Liceu de uma grande cidade do interior, mulher de um professor *agrégé*, cunhada de uma diretora de Escola Normal, idolatra os dois filhos, sobretudo o da Escola Normal, e Gisèle tem dificuldades para encontrar um lugar no meio deles. Sua sogra reserva "a última quarta-feira do mês" para receber as mulheres da sociedade, esposas de universitários parisienses onde, entre dois *petits fours,* elas fazem e desfazem as carreiras de jovens assistentes e professores.

Gisèle dá um tempo, mas já rejeita este mundo de "representação" e esta vida fútil. "Já abandonei tudo isto, via muita bajulação, as pequenas covardias para estar bem 'com a corte', junto aos que tinham poder, meu pai primeiro, e em seguida, meu marido. Nesta época, minha mãe também muda de atitude. Estava rodeada de bajuladores, que não tinham sentimentos de amizade por ela. Na maioria das vezes, essas pessoas procuram estar bem com personalidades para se aproveitar delas. Quando meu pai se aposentou e ela viu que as pessoas esqueciam-nos – como não tinham mais nenhum proveito para tirar deles –, ela sofreu. Sempre tenho uma visão irônica das coisas, mesmo quando se trata de mim." Quanto a Jean B., diz ela, que "tinha se habituado a comandar" durante a Resistência, ele "asfixiava". No entanto, logo que obteve a sua *agrégation* , tornou-se assistente de uma sumidade em Geografia, na Sorbonne!

A salvação vai chegar, mais uma vez, através do "clã dos resistentes universitários", que ela chama, algumas vezes, de "uma maçonaria". Através de suas relações políticas, Jean B. foi nomeado Diretor de Ensino na República dos Camarões. "Ele abandona o Instituto de Geografia. Começo a fazer as malas. No final do verão de 1949, partimos para lá. Minha vida está começando."

PARTE III

A AVENTURA

Gisèle leu, antes de embarcar, alguns relatos de viagens: *Viagem a Tombouctou*, de René Caillé; *Viagem ao Congo; O Retorno do Tchad*, de André Gide; o romance de Joseph Conrad, *No Âmago das Trevas*[1]. Por sua vez, não seria a África o prolongamento daquele "alhures" do Marrocos de sua infância?

A República dos Camarões (1949-1952)

A chegada a Yaoundé é difícil. Primeiro, o clima que surpreende, quase sempre quente, pesado e úmido. A casa reservada aos diretores do Ensino, antiga cantina dos oficiais alemães, é um vestígio da época em que o país era um protetorado alemão, antes que a França e a Inglaterra não o partilhassem, em 1918. É uma casa pouco acolhedora, escura, com paredes espessas. Situada no cruzamento de duas estradas de terra batida, deve-se fechar constantemente as janelas por causa da poeira. Com móveis rudimentares; dois quartos se comunicam com um banheiro. Há uma profusão de empregados: um cozinheiro e seu ajudante, um *boy* e um pequeno *boy,* um homem que lava as roupas, um segurança, um motorista para o carro de serviço, o *boy* do administrador temporário, antes da chegada de Jean B.; no total, oitos empregados e seus familiares trabalhando para quatro pessoas, das quais duas são crianças.

As bagagens não chegaram. Vão ficar durante seis meses no porto de Bordeaux, pois uma greve dos estivadores paralisa os portos: "Temos somente os nossos vinte quilos de bagagens à mão e nos falta tudo." Um gerador fornece a eletricidade para a casa, mas como ele não funciona, é preciso acender um lampião. Seis meses depois, "a

---

[1] Na conclusão do seu relatório sobre a missão civilizadora dos Brancos na África, o herói de Conrad, *Kurtz*, escreve a respeito dos Negros: "Exterminem todos estes animais." Em um livro essencial, Lindqvist (1998) traça a genealogia desta idéia na literatura científica, política e romanesca do século XIX. Enquanto conta as suas viagens à África (Lindqvist é romancista), ele chega até as origens do genocídio europeu na África. "Auschwitz", escreve ele, "foi a aplicação moderna de uma política de extermínio na qual se apoiava, há muito tempo, a dominação do mundo pelos Europeus." Lembro também de que o livro *No Âmago das Trevas* inspirou Francis Coppola para o seu filme *Apocalypse Now*.

administração" libera uma lâmpada Coleman à pressão, que funciona à base de petróleo, mas é preciso acendê-la com álcool. O acendedor é extremamente frágil, não suporta nenhum choque. "Tudo isso é muito estressante." O marido vai comer no restaurante, de onde envia a comida para sua mulher. Gisèle consegue obter um fogãozinho à base de gasolina, vindo dos estoques do Exército americano, que lhe permite fazer o mingau das crianças.

A adaptação

A casa está sempre cheia de pessoas que vêm do interior e que é preciso receber e alojar, pois não há praticamente hotéis. "Mas recebê-los como? Com o quê? Eu me viro como posso." Jean B., que "está no mundo da lua", não leva em consideração tudo isto, e lhe repete: "Vire-se." Ela não sabe fazer quase nada, mas pouco a pouco instala a casa. "Enfim, as malas chegaram logo depois." Ela aprende a dirigir o exército de empregados, rigorosamente hierarquizados, mas sem entender para que servem: o cozinheiro faz as compras mas não as traz para casa, ele cozinha, mas não descasca os legumes. O *boy* serve à mesa, mas se recusa a lavar o chão. Também não consegue se habituar com estes empregados homens, que andam de pés descalços nos aposentos da casa e surgem sem que se possam ouvir seus passos. Falam um francês de "caserna", colocando a mão diante da boca, em sinal de respeito, mas que só soube mais tarde. Ela vai modificar radicalmente os hábitos e dispensar progressivamente quase todos.

Da mesma maneira, vai revolucionar os cardápios. Em vez de uma multiplicidade de alimentos nadando no óleo, exige um prato de carne, um legume, uma salada e uma sobremesa. Porém, não conseguiu fazer com que se utilizassem, para a alimentação, dos produtos do país; aliás, nas feiras eles são recusados a serem vendidos para ela: "Não é bom para os Brancos." Vai a pé às feiras-livres, o que é mal visto, pois "um Branco não anda a pé". Tem-se o direito de recusar a vender-lhe o que pede, não se pode, porém, impedi-la de provar tudo, para a grande estupefação da população: foi assim que provou iguarias estranhas como formigas cristalizadas – "eram um pouco ácidas". Muito breve, vai se dar conta de que precisam de muita roupa, pois vivem numa poeira vermelha de laterite. Os maravilhosos ternos de linho branco do marido, logo irrecuperáveis, serão substituídos por túnicas cáqui. Como não há costureiras, aluga uma máquina de costura para fazer seus vestidos. Ela consegue fazer alguns amigos, as vendedoras da esquina de sua rua, o motorista, e, pouco a pouco, "emerge". As dificuldades são numerosas, mas aprende a resolvê-las: "Apesar de tudo, estou feliz aqui."

A vida na África

No ano seguinte, quando conseguiu mudar-se para o planalto de Yaoundé, perto do colégio e do campo dos guardas, cujas famílias moram nas encostas, a vida melhorou. O bairro é formado por um conjunto de casas, no meio dos dendezeiros, construídas para médicos africanos. É chamado de *Akokbokwé* (o morro da crueldade), pois os alemães haviam enforcado negros que nela se tinham revoltado. Gisèle desmata o terreno, faz um jardim, planta legumes para grande espanto, mais uma vez, das mulheres que passam na estrada e nunca tinham visto uma branca "cultivar". Alguns filhos dos guardas a ajudam; eles aproveitam a ocasião extraordinária para comer uma comida diferente. Só têm, então, dois empregados, um *boy* cozinheiro e um pequeno *boy*, filhos de um guarda. Como a casa não tem dependências, ela constrói uma de tijolos, coberta de folhas de palmeiras, para alojar os empregados. Tudo estaria perfeito, se não fossem as crianças que, não suportando o clima, tiveram que ficar na casa dos avós em Sceaux, por dois anos consecutivos. Ela os verá somente algumas semanas durante as férias de verão.

Ela começa a viajar no interior da República dos Camarões e descobre, ao acaso de seus passeios, os deliciosos peixes defumados no azeite-de-dendê e cozidos sobre um fogo entre três pedras. Ela se interessa pelo *pidgin*, língua feita a partir de uma mistura de inglês, português e dialetos locais. Ela o entende, mas não consegue falar. Aproveitando a viagem do marido à França, ela parte para o "mato", visita o norte do país, a três mil quilômetros de Yaoundé, com um casal de geólogos que está procurando urânio, mas nunca vão encontrar. É a sua primeira saída fora da floresta dos Camarões, preponderante no sul. A região é mais áspera, com rebanhos, pastos. As pessoas também são diferentes. Deve apressar seu retorno, pois seu marido voltou da França e, furioso com sua expedição, exige que volte para Yaoundé. Ela retorna do norte do país de carona com caminhoneiros africanos, o que fez aumentar a cólera do marido. É a primeira vez que ela bebe água não filtrada e "não me senti mal por isto"; durante a travessia de um rio, vê africanos jogar moedas na água, em "oferenda".

Jean B., muito ocupado com sua tarefa de desenvolver o ensino no país, viaja muito. Ela começa a ter amigos brancos, a maioria professores, com os quais ela aprende o tiro-ao-arco, vai à caça e discute muito sobre o papel dos brancos na África. "Manipulávamos muitas idéias, às vezes consideradas 'subversivas' por alguns e nos chamávamos, ironicamente, de 'anarco-sindicalistas'." O que era somente um jogo intelectual terminou por identificá-los e foram fichados como comunistas. Multiplica suas experiências: sua visão da África se diversifica, alimenta-se com um caleidoscópio de impressões, de sensações complexas, contrastantes, que uma regra interna resume: "Olho, observo, constato." Sua conclusão é: " Não entendo essas pessoas que fazem tudo diferente de mim. O que se passa na cabeça de um africano? Pode-se dizer que esta questão é o ponto de partida de toda a minha 'epopéia'."

Ela convive também com uma incrível variedade de tipos humanos, desde o branco catalogado para sempre por André Gide que cita de memória: "Menos o branco é inteligente, mais o negro lhe parece idiota", até os que ela chama de "cabeças queimadas", dos quais o personagem *Kurtz* de Joseph Conrad, seria o protótipo; "o mato era a válvula de escape deles – explica ela – como a Legião Estrangeira para outros, veterinários, missionários, vivendo isolados no interior e aparecendo de vez em quando para reencontrar um pouco de civilização." Enfim, a arte africana a interessa desde muito cedo. Ela começa a distinguir os objetos de arte "para o branco", de uso comercial que não valem nada – em marfim, em ébano –, dos que são verdadeiramente autênticos e se integram harmoniosamente à vida cotidiana dos africanos. Portanto, compra lanças, flechas que ornam hoje a sua varanda, bem como banquinhos esculpidos, tecidos feitos à mão, tinturas, vegetais, máscaras enfeitadas de miçangas para danças sagradas, cabaças pirogravadas. Consegue reunir todo tipo de objeto, eliminando aos poucos os que lhe parecem destinados aos europeus. Nas feiras, descobre, dentro de sacos de batata-inglesa, vindos da região do Bamiléké, esculturas de madeira que decoram sua sala de visitas, sem que, até hoje, se tenha feito menção delas nos livros de arte. Estas bonecas, provavelmente roubadas em um vilarejo, devem servir a rituais que ela ignora. Só conseguirá saber que são "para a dança", pelo *boy*, de origem Bamiléké.

Em 1952, Jean B. foi nomeado diretor do Ensino para dois territórios, o Tchad e o Oubangui-Chari (hoje a República Centro-africana). Para Gisèle, é a hora de refletir. Em três anos, ela se conscientizou de que existe um outro mundo, outra forma de pensamento, que são paralelos ao mundo ocidental. Porém, não conseguirá entender o pensamento africano, nem como as idéias circulam na cabeça dos negros. Sua única abertura vem da amizade com uma mestiça de origem Woloff, professora primária, casada com um francês, também professor. Educada na região do Aveyron, ela fala um francês com sotaque do sul da França, mas por intermédio dela, Gisèle começa a levantar o véu que cobre o mistério da África.

O Tchad (1952-1956)

A mudança foi uma aventura e a *Iá* está muito orgulhosa com a solução que encontrou naquela ocasião. Não dispondo de nenhuma embalagem apropriada para o transporte de louças, teve a idéia de utilizar as caixas de cerveja feitas de madeira jogadas fora nos armazéns, reformando-as. Para isso, ela compra ferramentas necessárias. Mesmo com as mãos inchadas de tanto esforço, ela consegue organizar a mudança. Apesar dos três mil quilômetros de terra batida, tudo vai chegar em perfeito estado! "As condições materiais muito precárias me obrigaram a desenvolver um senso prático inusitado."

O país

O clima no Tchad, situado nos confins do Saara, é muito rude. Aliás, é por esta razão que nenhum administrador colonial é enviado para este país no seu primeiro posto. A estação das chuvas cessa em outubro, e vai recomeçar em junho com um calor quase igual ao do deserto do Saara: "Dormíamos ao relento. Durante a estação da chuva, nunca saíamos de Fort-Lamy (hoje N'Djamena), rodeada pelas águas." Eles vão morar entre o aeroporto de Fort-Lamy e o rio Chari. "A casa é espaçosa, rodeada por largas varandas, onde dormimos, à noite, embaixo dos mosquiteiros, em camas feitas com bambus – 'taras' – pois o calor dentro da casa é insuportável." Passam as noites no terraço, a céu aberto, ao luar e sob a luz intensa das estrelas. As condições materiais de vida são muito duras: "Não temos legumes, poucas frutas. A água chega em pipas. É colocada em latões de gasolina para ser, em seguida, puxada com uma bomba de mão até as reservas sobre o teto da casa. O Sol é tão forte que não se pode tomar banho antes de seis horas da tarde pois a água, escaldante, tem quarenta graus! É também necessário prever uma grande quantidade de filtros para filtrá-la, visto que se bebem, por pessoa, sete litros por dia. Durante o período das chuvas, as casas são invadidas pelos mosquitos e por carrapatos negros, sobretudo no início, pois as janelas ainda não tinham telas. Para prevenir-se contra esses insetos, é preciso usar botas, uma larga calça sahariana, *sarouel*, e camisas de mangas compridas."

O choque da África

Mas nada disto a fez mudar de idéia: "Gisèle adorou!". As crianças voltaram a viver de novo com eles e retornaram à França no final do ano escolar do Tchad, em março, antes do calor intenso. "Um dia, um pacato hipopótamo atravessou o terreno que ficava em volta da casa. Um enorme tamarindeiro cresceu ali: com os braços estendidos, três pessoas quase não conseguiam abraçar seu tronco. As crianças fizeram uma cabana nos seus galhos, a doze metros de altura e ficam lá durante horas, lendo. A luz, 'extraordinária', brincava na areia da beira do rio Chari, entre os pés de mimosas, com troncos da cor de ferrugem."

É a Gisèle quem faz a comida, e Jean B., encarregado da construção de escolas e de colégios, percorre os dois territórios e nunca pára em casa. Ela fica sozinha com as duas crianças e se sente bem vivendo assim. Sempre alegre e dinâmica, ela tem muitos amigos, em particular Hilda, com quem adora conversar. Tendo vindo do Oriente, impregnada de doutrinas orientais, esta mulher interessou-se pelo budismo, pratica yoga e faz meditação. As duas, "apaixonadas pela psicologia das pessoas", tentam compreender as suas "razões profundas" de se comportar, de agir: "Chamávamos isto de levantar as tampas." Também ficou fascinada pelo mercado de Fort-Lamy, porto fluvial, ponto de parada no caminho para a Meca, o Saara e a Líbia, a Nigéria, o Congo e os territórios do litoral. Sonha fazer um estudo socioeconômico deste mercado onde se vendem todos os produtos inimagináveis da África, até mesmo venenos que têm um comércio ativo. Descobre novos tipos de peixes, frutas desconhecidas, legumes dos quais nunca ouvira falar. Aprende a comprar cabaças: se a fruta é amarga, quando você a lamber, não serve para guardar água.

Aprende também a escolher carne, cortada com um machado sob uma nuvem de moscas, o que não impede que seja excelente.

"É bom mesmo que as senhoras brancas, que moram em Fort-Lamy, não saibam em que condições higiênicas o bife que comem é comprado, pois a maioria delas pede ao cozinheiro para fazer as compras." Porém, Gisèle não realizou seu sonho de fazer um estudo do mercado público porque foi impedida pelas dificuldades lingüísticas, devido à multiplicidade das etnias. Além disto, como ela está morando a sete quilômetros da cidade, ela não pode freqüentá-lo o quanto gostaria, porque depende de um único carro que pertence à direção do Ensino.

A vida no mato

Gisèle tem muitos amigos, brancos exclusivamente, sai muito, dança e descobre uma paixão: a caça. O trabalho dos rastreadores, que é uma "arte", a fascina: levantar-se antes da aurora, ir na pegada dos animais dos quais eles descobriram o *habitat*, os pastos, os locais onde bebem água e as suas prováveis rotas. Sabem de onde o vento sopra, deixando escorrer da mão um punhado de terra seca. O cheiro dos caçadores não pode chegar até os animais. A aproximação dos búfalos é perigosa. Quando ferido, o animal descreve um arco de círculo e ataca, por trás, o caçador que segue suas pegadas. É preciso ser um excelente atirador, mas Gisèle se arrisca raramente. Às vezes, Jean B. a acompanha. Ele quer filmar, mas não sabe andar sem fazer barulho, fala, pisoteia as folhas sob os pés. Rastreadores e caçadores se impacientam. É um inferno!

Tendo em vista visitar a África Oriental e a África do Sul, o casal decide comprar um Land Rover. Gisèle tirou sua carteira de motorista nos Camarões e dirige desde 1950. Fez amizade com um casal de franceses cujo marido, guia de caça, leva estrangeiros ricos em safári, e parte com eles no seu carro para Fort-Archambaud. Caça pouco, pois isto incomoda as atividades do guia e de seu cliente: muitos tiros espantam os animais e o cliente "deve" levar troféus! Ela abandona então o grupo. Acompanhada só com um *boy*, vai até Abéché, na região de Ouaddai, próxima da fronteira com o Sudão, quase atropela um camelo na pista da areia, dorme em cabanas destinadas aos viajantes e retorna a Fort-Lamy. Esta expedição lhe permite estudar a instalação do carro para a "Grande Viagem" prevista para a Cidade do Cabo.

Através da África (1955)

É preciso pressupor tudo: a primeira providência é evitar que o carro enguice. Assim, Gisèle passa os seis meses que precedem a viagem na concessionária onde compraram o Land Rover: "Aprendi como montá-lo e desmontá-lo. Jean B. era incapaz de fazê-lo. Ia lá todos os dias e aprontei o carro; tinha as ferramentas e as peças de reposição para todo e qualquer tipo de defeito. Mandei instalar um tanque-reserva para gasolina na parte traseira, com capacidade para cem litros, ligado ao tanque da frente (a torneira estava embaixo do pára-lama). Isto me dava mil quilômetros de autonomia. Mandei fazer galões adaptados (em forma de pneu) colocados em cima do capô; e mais atrás, caixotes que abrem para o lado, onde colocaria louças, alimentos e ferramentas." Um sistema de iluminação ligado à bateria permitia passar a noite nas cabanas, onde passariam a noite sem grandes dificuldades. "Tínhamos camas desmontáveis e mosquiteiros."

Como estava com um eczema no rosto, na hora de partir Jean B. não quis mais ir, mas Gisèle carrega-o: "De qualquer forma, você não vai sofrer nem mais, nem menos. Se não formos, ficaremos sempre lamentando. Cuide de suas câmeras, eu dirijo." Tinha muita resistência física. A viagem aconteceu de julho a agosto de 1955. Atravessaram o Oubangui, o Congo, o Congo Belga (hoje o Zaire), a Uganda, o Kenia e a Tanganyika. Chegam até Mombasa, na costa do Oceano Índico, se dão conta de que os dias passaram e que é impossível aventurar-se para o sul. Chegam as chuvas. Eles sobem, apressando-se, para os lagos Tanganyika e Vitória, até Fort- Archambault, no sudeste do Tchad. Precisam romper barreiras de chuva, colocar o carro numa balsa que sobe o rio Chari, voltar para Fort-Lamy de avião. Fizeram quatorze mil quilômetros, estão exaustos, mas felizes. Ainda faltam alguns dias de férias que vão passar na França.

Impressões da viagem

"A viagem nos ensinou muito, mas nos deixava perplexos. Atravessamos territórios muito diferentes onde a presença do branco tinha, cada vez, um aspecto particular. Em alguns, o esforço se dá para que a formação dos africanos seja européia. O ensino é feito em francês. Os últimos métodos se esforçam no sentido de não mais ensinar que seus 'ancestrais são os gauleses'; o caminho é o BEPC, o vestibular, se for possível uma bolsa de estudos na França, e uma profissão liberal. Nos territórios franceses, foi implantado o ensino secundário, que só conduz à universidade; porém os que têm bolsa de estudos não voltam mais à África. Além disto, como não há uma formação profissional, o país não faz nenhum progresso técnico.

"No Congo Belga, o sistema é outro. Os alunos são escolarizados em suas línguas maternas, mas não têm nem abertura para a política internacional, nem formação superior de nível europeu. Existe uma formação técnica agrícola para a mão-de-obra das plantações, mas o país não evolui. As pessoas se alimentam bem: vemos depósitos para armazenar os grãos, sobre pilotis, a cada cinqüenta quilômetros. A rede hospitalar é boa, mas na cidade, as pessoas se amontoam em sórdidas favelas. Os brancos se apegam à terra como na Argélia mas, de qualquer forma, é sempre a administração do branco que comanda. Na Uganda, protetorado inglês, não há europeus. O país é comandado por indianos e paquistaneses que monopolizam o comércio e os bancos.

"No Quênia, colônia inglesa, a situação é tensa. O país acaba de sair da revolta dos Kikuyus, população agrícola que não tem terra suficiente para viver: a taxa de natalidade deles é bastante elevada e são obrigados a se instalar no alto de morros. As terras da planície são mantidas entre as mãos dos colonos ingleses que têm extensos rebanhos, apesar da presença dos Masaïs, grandes criadores sempre se deslocando à procura de pasto para seus rebanhos. Descemos até Nairobi, a capital, pela Rift Valley e, a cada trezentos metros, víamos placas indicando: 'Perigo. Não desça do carro, não estacione,' para indicar que atravessávamos uma zona onde havia revoltas. O ódio entre o branco e o negro era desmedido. Fomos insultados pelo dono de um posto de gasolina, branco, por ter dado gorjeta a um empregado, negro, que gentilmente lavara o nosso pára-brisa. É impossível conversar com os ingleses: aliás, nem tínhamos sido apresentados!"

Naquela época, sua mentalidade, a de seu marido e, segundo o historiador Basil Davidson (1965), a de muitos outros administradores coloniais, era feita da boa vontade e da ignorância da opinião dos africanos: "Não trazíamos à África o ensino para poder explorar os negros, mas, muito pelo contrário, para que pudessem fugir da exploração. Tínhamos talvez idéias erradas, como a de querer transformá-los em negros europeus, mas era para o desenvolvimento deles. Isto nos parecia ser a única solução para integrá-los ao nível da Europa e ao nível dos outros países do mundo."

A despedida da África dos Brancos

" Um vento de revolta varreu a África. Nos meses que se seguiram à nossa viagem, motins explodiram no Congo Belga. Somos obrigados a entender que a presença do branco não é mais possível na África e que é preciso ir embora. O que o meu marido fez, era para os africanos; era melhor partir, antes de ser expulso."

De fato, a África dessa época entrava numa fase decisiva de lutas por sua descolonização e por sua independência. A primeira fase aconteceu em 1951, na Costa do Ouro, colônia inglesa, quando um partido nacionalista dirigido por Nkrumah ganha as eleições gerais e forma um governo. Foram precisos mais seis anos para que este país se tornasse independente, escolhendo tomar o nome de Ghana, nome de um antigo império, sendo o primeiro país soberano da África. Quanto ao império colonial francês, ele começa a desmoronar. Na batalha de Diên Biên Phû, de março a maio de 1954, os franceses são derrotados e termina então a guerra da Indochina iniciada oito anos antes; esta derrota marca o fim da dominação francesa no Extremo-Oriente. Seis meses depois, no dia primeiro de novembro, uma outra guerra começa na Argélia. Vai durar igualmente oito anos e terminar com o reconhecimento da independência da Argélia, pela França. Em 1956, o Marrocos e a Tunísia, também um protetorado francês, vêem enfim sua independência reconhecida. Gisèle e Jean B. ainda ficam alguns meses no Tchad. Em 1956, retornam definitivamente à França onde Jean B. é nomeado Inspetor da Academia, em Angoulême, onde vão viver durante dois anos.

PARTE IV

ENTRE A FRANÇA E O BRASIL (1956-1972)

Acostumar-se com a França foi, sem dúvida, muito mais difícil do que com a África, oito anos antes: "A vida em Angoulême foi um calvário." A Inspeção Acadêmica, situada nas muralhas da cidade, ocupava o térreo e o primeiro andar de um prédio. O apartamento reservado ao Inspetor ficava no segundo andar, com uma escada comum para os funcionários: "Nas pequenas cidades, como essa, tudo o que se faz é vigiado! O apartamento exíguo, tem uma bela vista para as muralhas, porém não consegue conter a agitação das crianças, acostumadas aos grandes espaços da África. O carpete cinza-azulado, bem novinho, é uma delícia para o nosso Setter Irlandês, trazido do Tchad." A família levou meses para poder se relacionar com as pessoas da cidade: "Deixara meu cartão de visitas com a mulher do prefeito, sem nenhum resultado. Também o deixara com a esposa do médico mais antigo da cidade. O convite para um chá foi extremamente formal, nada mais. O nosso isolamento terminou graças à amizade de nossos filhos com os de um casal de médicos que tinha uma propriedade fora da cidade. Fomos convidados algumas vezes, durante os fins de semana, para alegria de nossos filhos, que podiam brincar à vontade; como a casa não tinha calefação, 'os africanos' morriam de frio. Os anfitriões ficavam 'pasmos' com as histórias que eles contavam da África."

A África no Brasil

Gisèle não dirá mais nada de sua vida em Angoulême. No início de 1959, Jean B. foi nomeado Conselheiro Cultural na Embaixada da França, no Rio de Janeiro, ainda capital do Brasil. Jean B., tendo chegado ao Rio, de avião, vai receber a família que chegava de navio, numa Quarta-Feira de Cinzas. A Av. Rio Branco ainda estava repleta das decorações do Carnaval. As pessoas, cansadas, estavam deitadas nas calçadas, ainda fantasiadas e com a maquiagem escorrendo. Era um mundo irreal. Gisèle está apavorada: "Onde estou? Num filme de Fellini? Num livro de Kafka?"

Logo após instalar-se, a família foi inteiramente absorvida pela vida nas embaixadas. Os diplomatas vivem em círculo fechado, encontrando sempre as mesmas pessoas, sem muito contato com o país:

"Algumas noites, tínhamos três coquetéis em seguida; encontrávamos as mesmas pessoas e, durante horas, com o copo numa mão e um canapé na outra, a bolsa embaixo do braço, e ainda era preciso cumprimentar as pessoas!" Os jantares da Embaixada da França eram particularmente insuportáveis: "A mulher do Embaixador usava vestidos cheios de babados, parecidos com os da Maguy Rouff. Estávamos em plena guerra contra a Argélia (1954-1962). Ela fazia discursos 'patrióticos' sobre nossos 'pobres soldados' que 'defendiam a França'. Fotos de seu filho que freqüentara a Escola Militar de Saint-Cyr e de seus amigos oficiais estavam bem à vista, sobre o piano de cauda da embaixada. Os brasileiros presentes se calavam. Como não entendiam nada sobre essa guerra, eles a identificavam com sua luta pela independência de Portugal, em 1822. A embaixada era suja. Para servir os aperitivos, era preciso esperar a chegada da anfitriã, sempre atrasada, pois as garrafas estavam fechadas em um armário cuja chave ela guardava preciosamente. Nas poltronas da embaixada, em mau estado, parecia perigoso sentar-se."

"Tínhamos sempre muitos convidados, dois jantares para vinte e cinco pessoas por semana, além dos coquetéis, para sessenta pessoas, servidos às personalidades francesas convidadas para participar de congressos e conferências." Como estes convidados dispunham de muito tempo livre, Gisèle tornava-se uma guia de turismo; organizava visitas da cidade, das praias, e vai mais de duzentas vezes ao Corcovado. Lá do alto, a qualquer hora do dia ou da noite, ela não se cansa de apreciar o espetáculo da Baía de Guanabara com suas extraordinárias luminosidades.

Ela se adapta à sua nova vida, tentando fugir deste "cotidiano muito formal". Procura encontrar outras pessoas brasileiras. A primeira amiga que fez era costureira de um grupo teatral francês, os *Théophiliens*, do qual, na França, seu irmão fazia parte. Alguns meses antes, essa amiga acompanhara o grupo em turnê pela América do Sul e ficou no Brasil, encantada pelo charme do país. Através dela, conheceu Abdias do Nascimento, escritor negro, que vai lhe mostrar um Brasil totalmente diferente. Ele escreveu peças, criou um grupo teatral – *O Teatro Experimental do Negro* –, e a maioria dos atores e dançarinos que formava o grupo já tinha feito turnês com *A Brasiliana*, grupo de dança dirigido por um polonês, Askanasy. Naquela época, *A Brasiliana* estava sem contrato. Abdias, muito engajado na luta contra o racismo, vai encontrar nos EUA Carmichaël, um dos líderes do movimento radical negro *Black Panthers*. A *Iá* está contra esta posição de luta aberta e acha que é melhor proceder por etapas, para que os negros se integrem e ocupem seu justo lugar na sociedade.

O embaixador, para fazer economia ou por cansaço, encarrega cada vez mais o conselheiro cultural da organização das recepções. Gisèle decide então aproveitar os artistas da *Brasiliana*, que estavam desempregados, para decoradores, garçons e especialistas em cozinha brasileira! Isso lhe permitia mostrar aos franceses em missão, um outro aspecto do Brasil, evitando o formalismo das recepções oficiais. Os dançarinos, de terno preto e luvas brancas, participam com entusiasmo e seriedade deste novo *show*. "Ninguém podia imaginar que as preparações fossem tão divertidas! Ao invés da longa mesa oficial, havia mesinhas, os convidados se sentavam depois de se servir do bufê de iguarias brasileiras: vatapá, moqueca, feijoada; para cada jantar, a decoração era diferente. Os brasileiros se sentiam lisonjeados por ver sua cozinha prestigiada, e os franceses de passagem ficavam encantados com os novos sabores exóticos."

Com seus novos amigos, Gisèle aprendeu rapidamente o português, e lê Érico Veríssimo no texto original, *O Tempo e o Vento, Epopéia do Rio Grande do Sul* (cuja lembrança ainda hoje a fascina) e *Bahia de Todos os Santos*, de Jorge Amado. Um outro mundo espiritual abre-se para ela. O cozinheiro e dançarino João Elísio freqüenta um centro de *Umbanda* em São Mateus. Ele é dirigido por uma mulher negra e forte, d. Sebastiana, que segue a tradição da *Umbanda cruzada com Angola*. Gisèle sente que é um mundo fechado, misterioso, e consegue ser convidada, com muita dificuldade. Quanto mais ela se familiariza com a vida brasileira, mais sente nela a presença da África: as cestas trazidas da feira em cima da cabeça; a maneira de chamar as pessoas fazendo um sinal com a palma da mão virada para o chão. A música está presente em todos os lugares, nas ruas, nas lojas, na praia, ritmadas por tambores, sinos de percussão, maracas. E também porque todo mundo está sempre dançando ...

Nos terreiros, onde os dançarinos da *Brasiliana* a levam, ela assiste a cerimônias que mal entende; pessoas entram em transe, fumam charutos, bebem cachaça sem ficar bêbados, e dão consultas... Dentro em breve descobre, pela *ialorixá* d. Sebastiana, que é filha de *Iemanjá*.

Dois mundos paralelos

No Brasil, as relações do casal pegam outro ritmo; praticamente eles só se encontram nas recepções. "A vida em comum, em Angoulême, tinha sido muito desgastante pois estávamos constantemente um atrás do outro. No casamento, nos entendemos bem durante os três primeiros anos; nos anos seguintes, só nos suportávamos." Na África, Jean B. estava sempre fora de casa, absorvido por seus programas de construção de escolas. Gisèle, completamente livre, fazia o que bem queria de seu tempo. Ela confessa que pensou numa separação. "Mas eu me sentia despreparada, sem uma profissão, sem uma casa. Como não pretendia nunca voltar para a casa de meus pais, conformei-me com essa situação. Mas tive sempre a certeza de que não terminaria a minha vida ao lado do Jean B., pensava freqüentemente que seria ele quem partiria, um dia."

As crianças, com doze e treze anos naquela época, adaptaram-se rapidamente, como a mãe, à vida no Brasil. Começaram a falar português, fizeram amigos no bairro e iam jogar futebol na esquina de nossa rua. O mais velho criava um papagaio e, como as crianças da vizinhança, tinha paixão por pássaros. Dentro em breve, seu quarto estava cheio deles. Para eles, são "férias de verão". Como não se interessavam muito pelos estudos, os pais lhes mandaram de volta para a França, em Meaux, na casa do irmão de Gisèle, médico. Isto foi muito duro, tanto para eles como para Gisèle. Jean B. tinha um comportamento totalmente diferente. Só freqüentava a casa de brasileiros que falassem francês e, exceto sua coleção de minerais, se interessava pouco pelo país. Nunca falaria o português e, sem se saber por que, assumiu logo uma birra contra o país.

A primeira vez que entrou em transe e a iniciação (1959/1960)

Um dia, d. Sebastiana ficou doente; Gisèle acolheu-a em casa e pediu ao médico da embaixada para tratá-la. Numa noite de muito calor, as duas vão até a praia, em Copacabana, para tomar um pouco de ar fresco. Quando estavam sentadas na areia, Gisèle se sente mal, cada vez pior, sem conseguir dizer o que sente. De volta para casa, d. Sebastiana trata dela, mas sem conseguir fazê-la voltar ao estado normal. Gisèle se inquieta. Os dias passam e, no entanto, ela continua a "flutuar". D. Sebastiana, sentindo-se melhor, volta em seguida para

São Mateus, deixando Gisèle, com suas "flutuações", incapaz de identificar o que sente.

Num domingo, dia 5 de dezembro de 1959, uma das dançarinas do *Brasiliana* lhe convida para ir a Gomea, um terreiro de Candomblé dirigido por Joãozinho da Gomea, em Duque de Caxias. Na véspera, houve uma festa para *Iansã*. Como de costume, a festa continua no dia seguinte. *Iansã*, uma divindade feminina, é uma das esposas de *Xangô*, ciumenta e orgulhosa, ela comanda os ventos, as tempestades e é a única que não tem medo das almas do outro mundo. É a primeira vez que Gisèle vai nesse terreiro e não conhecia Joãozinho da Gomea. Seus amigos bailarinos já tinham lhe falado dele, que não é somente um *babalorixá*, mas às vezes apresenta *shows* de dança africana nas boates do Rio.

O clima no terreiro estava extremamente animado quando Gisèle e sua amiga chegaram à tarde. As pessoas tinham dançado toda a noite para saudar *Iansã* e o cansaço era visível em seus rostos, mas fizeram uma roda, cantavam e dançavam batendo palmas. Como Joãozinho *da Gomea* soubera que Gisèle pertencia à Embaixada da França, acolheu-a com todas as honras e lhe ofereceu vatapá, *whisky* e doces. Ela o acha "um homem simples, com um porte elegante, cujo olhar fascina". Apesar de seu português rudimentar, ela "se lança" e "fala com todo mundo".

Por volta de sete horas, todos se dirigiram para o barracão, onde as danças religiosas recomeçaram. No espaço que lhes era reservado, no fundo da sala, Gisèle e sua amiga, sentadas, olhavam a evolução das mulheres usando saias largas e armadas como fossem anquinhas: "pouco a pouco senti como um vazio no estômago e fui parar no chão, praticamente sem consciência. Cantavam e dançavam para *Iemanjá*..." Gisèle acabara de entrar num transe bruto (selvagem). Acordou no final da cerimônia, mas como já era tarde, e precisava voltar para casa, despediu-se de Joãozinho da Gomea, que lhe aconselhou a voltar nos dias seguintes. Ela observou que ele abandonara, durante a conversa, o tom cerimonioso da tarde: não a chamava mais de "senhora", mas de "você". Confirmou que ela é filha de *Iemanjá*. Como caiu em transe, isto significa que o *orixá* "matou-a" e quer que seja o seu "cavalo": devia portanto ser iniciada para transformar seu transe bruto, em transe ritual. Essa imposição inquietou-a: "Em que aventura me meti?" Ela respondeu a Joãozinho da Gomea que esta possibilidade lhe parecia totalmente impossível.

Porém, Gisèle continuava "flutuando". Nas semanas que se seguiram, seguindo os conselhos de Joãzinho da Gomea, ela vai ao terreiro para fazer um bori (*bo* = alimentar, *ori* = cabeça). Segundo a concepção africana do ser humano (cf. infra), a cabeça é o centro do *ori*, força e princípio vital. O orixá, que impregna todo ser humano com sua personalidade, tem o seu centro "acima da cabeça". Quando, por uma razão qualquer, um ser humano se põe a "flutuar" na sua vida, como Gisèle naquela época, pode ser salutar "fortalecer sua cabeça", para ajudá-lo a encontrar de novo sua energia vital, sua força.

A cerimônia do bori começa no final da noite. A pessoa chega ao terreiro algumas horas antes, fica descansando para livrar-se de tudo o que a aflige e tornar-se um receptáculo suscetível de acolher uma força nova, regeneradora. Em seguida, passa por um ritual de purificação, o *sacudimento* (de sacudir, caçar, expelir). Diversos alimentos, aves, folhas etc., são passados sobre o seu corpo e sua cabeça para que "peguem" as forças nefastas, "negativas" que a paralisam. Em troca, a pessoa "recebe", como por transferência, as forças "positivas" destes elementos. Essa troca, essa transferência simbólica de força entre a pessoa e os elementos utilizados no ritual vai "purificá-la". Quanto aos elementos do ritual, agora carregados das forças negativas retiradas da pessoa, são imediatamente jogados fora. Em seguida, toma-se um banho de folhas.

Depois disto, vestida de branco, a pessoa é conduzida até uma sala preparada para recebê-la para a oferenda do *ori*. Ela fica sentada numa esteira, durante toda a cerimônia que começa pelas saudações do *baba/Ialorixá* ao ori, repetidas em coro por todos os presentes. A oferenda (alimentos, bebidas e aves que serão sacrificadas) é apresentada primeiro ao *ori*. Em seguida, o *baba/Ialorixá* para saber se a oferenda foi aceita, joga uma noz-de-cola cortada em quatro pedaços num prato e observa a figura assim formada por seus pedaços; e decifra a resposta dada. A cerimônia é pública e os presentes, membros do terreiro, parentes ou amigos, todos vestidos de branco, ajoelhados, sentados numa roda, cantam os cânticos rituais. Quando os sacrifícios terminam, alguns ajudam a preparar a comida na cozinha dos *orixás*; os pratos, cheios de quitutes artisticamente apresentados, são colocados no chão. Em seguida, o *baba/Ialorixá* divide a comida entre todos os presentes, pois contribuíram, com a sua presença, para dar mais força à oferenda. A pessoa fica enfim só, até a manhã do dia seguinte;

se ela puder, ficará ainda algumas horas no terreiro para o resguardo (de resguardar, garantir, proteger). O *bori*, ao mesmo tempo um retiro do mundo por algumas horas, uma comunhão espiritual, uma troca simbólica de forças, é uma iniciação prévia.

Após seu bori, Gisèle se sente melhor, mas isso não vai durar. Seu cozinheiro e bailarino João Elísio abandona então o centro de *Umbanda* de d. Sebastiana pelo Candomblé de Joãzinho da Gomea e faz a sua iniciação em junho de 1960. Após assistir à festa do final de sua iniciação, a Festa do Nome (cf. infra), Gisèle começa de novo a "flutuar". Cada vez mais inquieta, em novembro, ela tem uma longa conversa com Joãozinho da Gomea; ele a reconforta e anuncia que, segundo suas previsões, ela fará sua iniciação antes do final do ano. Mas Gisèle tem certeza de que será impossível. Dois dias depois, seu marido lhe anuncia que vai viajar para a França em missão oficial, onde permanecerá até as festas de fim de ano em Paris. Eis a ocasião ideal para fazer sua iniciação, pois um "barco" (nome dado a todo grupo em fase de iniciação) se prepara na Gomea. Ela sabe que vai mergulhar no desconhecido, não tem a mínima idéia do que a espera, mas pensa que se trata de uma experiência única. Assim, ela pode se tornar uma *abiã* (toda pessoa que se prepara para ser iniciada e passa a ser esposa de um *orixá*). No português do Brasil, a expressão "fazer a cabeça" que designa a iniciação (utiliza-se também a palavra "feitura"), indica muito bem o que ela é: uma transformação, por livre consentimento da pessoa, do transe bruto inicial em transe ritual. Aceitar sua iniciação é aceitar ser possuído por um deus que desceu entre os homens e ser (re)modelado por ele.

Trancada durante vinte e um dias no *roncó*, em companhia de três homens e quatro mulheres, totalmente desconhecidos, Gisèle guarda apenas uma vaga lembrança dessa época. Ela sabe que sua cabeça foi raspada (cf. infra), mas Joãozinho da Gomea tomou a precaução, excepcionalmente para ela, de não raspá-la a zero, apenas a parte superior da cabeça. Soube também, porque lhe disseram depois, que um dia o João Elísio chegou da embaixada transtornado, anunciando que Jean B. "estava de volta" e que "todos procuravam Gisèle por todos os lugares". Pânico geral na Gomea. Apesar da recente liberdade de cultos, todos os terreiros não esqueceram da repressão policial que sofreram, e Joãozinho da Gomea tinha medo de que uma queixa da embaixada provocasse uma batida da polícia. Então, decidiu antecipar a data da saída do *roncó* da mulher que vai, a partir desse dia, ser

Omindarewa. Quando Gisèle retornou à Embaixada, ninguém a procurava. Compreendeu, então que João Elísio, por uma razão desconhecida, entrara em pânico e inventara toda essa história.

Integrada agora no Candomblé, ela se dava conta de que não sabia nada, exceto alguns gestos rituais. Joãozinho da Gomea lhe tratava com muita delicadeza e tentava evitar-lhe de ficar no *roncó*. Sentia-se muito orgulhoso de ter iniciado uma "Embaixatriz" e a apresentou a todos. *Omindarewa* recusou esse tratamento especial. Não queria se fazer notar; observou também que começava a criar uma barreira entre ela e o resto da comunidade, pois a amizade do pai-de-santo provocava o ciúme de suas irmãs-de-santo. Começou, portanto, a fazer todas as obrigações das jovens *iaôs*, integrou-se à camada mais baixa do terreiro e, como elas, aceitou as tarefas mais humildes: tirar água do poço, carregar os baldes, depenar aves, esquentar o banho das mais velhas etc. É assim que vai, pouco a pouco, ganhar a confiança dos que a rodeavam.

Uma dupla vida (1961/1963)

Gisèle Omindarewa divide agora o seu tempo entre a embaixada e a Gomea. Também lê tudo o que encontra sobre o Candomblé, sobretudo Pierre Verger e Roger Bastide. A semelhança entre os ritos descritos por Verger na África e no Brasil parece inacreditável. Como, pessoas submetidas à escravidão, conseguiram preservar tamanho tesouro cultural?

Retorno à África

Em julho de 1962, ela vai de férias à França, onde leva os filhos à Côté d'Azur para velejar e confirma seu pressentimento: internos num colégio, seus filhos sofrem muito. Sabendo que Jean B. pretende voltar logo para a França, pede aos filhos para terem paciência, porque brevemente a família estará de novo reunida. Após essas férias com os filhos, Gisèle *Omindarewa* parte para o Benin. Ela nunca tinha ido a esse país, não conhecia ninguém lá, nem estava equipada para ir ao "mato". Era mais uma aventura. Todos os Candomblés, incluindo o de Angola, onde ela fora iniciada, sofreram a influência *iorubá*: é por essa razão que o Benin, de onde partiram milhões de escravos, ocupa um lugar à parte nas religiões afro-brasileiras. Em Cotonou, a capital, ela ficou num pequeno hotel, o *Bab*: "Muito pouca água na torneira e um quarto sem chave." Amigos do Tchad, agora ocupando um cargo em Lomé (no Togo), relativamente perto de onde estava, lhe enviam uma pick-up com motorista. No Instituto de Pesquisas Africanas de Cotonou, IRAD, o diretor, sr. Da Silva, lhe põe em contato com Océni Mansourou, o antigo intérprete de Pierre Verger que viera ao Benin dez anos antes, numa missão, fazer pesquisas sobre plantas, principalmente sobre o *Ifá* e a adivinhação. Mansourou entendeu imediatamente o que Gisèle estava procurando e a conduziu nos pequenos vilarejos onde Verger tinha ido e trabalhado.

Os africanos, surpresos em ver uma branca interessar-se por sua religião, pensaram que era a mulher de Verger (!). Ela visita Kétou, Savalou, Pobé, onde viveu Verger, Abomey, Ouidah, Porto Novo. No cemitério de Agoué, encontrou as tumbas de brasileiros que foram comerciar na costa depois da abolição da escravatura: nascidos em Salvador da Bahia, tinham morrido na África. O pouco do ritual que ela conhece lhe permitiu introduzir-se sem problemas e ser sempre bem recebida. Uma noite, em Pobé, ela teve um sonho estranho com um homem branco, alto e magro, com cabelos claros, acompanhado por um homem negro e todo vestido de branco. Muitos anos depois, olhando a coleção de fotos de Pierre Verger, ela descobre que o homem do seu sonho de Pobé era ele, vinte anos antes! Na época de seu sonho, não o conhecia, nem nunca tinha visto fotos dele. Volta para o Rio carregada de búzios; contas de objetos africanos, de muitos pós e de panos-da-costa tecidos à mão. Todas estas compras, distribuídas generosamente, farão a alegria de Joãozinho *da Gomea* e de todos os seus amigos do *Candomblé*. Esta viagem à África lhe deu um certo prestígio.

Uma Iaô

Jean B., tendo de voltar para Paris, foi nomeado Inspetor-Geral e encarregado da construção de escolas. Ele voltou em março de 1963, deixando à Gisèle a incumbência de vender o carro deles, importado, e que não podia ser licenciado no Brasil; o que só ocorreu em outubro. Ficando sozinha no Brasil durante seis meses, ela vai viver na Gomea. O terreiro está em plena efervescência. Todos estão preparando a entrada no *roncó* de um barco de dezesseis pessoas. Há quarenta e oito trajes a serem confeccionados, cada abiã necessita de três, para a festa do Nome; porém, o responsável por todo o trabalho desapareceu depois de ter roubado um cordão de ouro de Joãzinho da Gomea. Como *Omindarewa* tinha aprendido a costurar na África, propôs-se a confeccionar os trajes e pediu um local onde pudesse trabalhar, comer e dormir. Trouxe sua máquina de costura e, junto com ela, duas irmãs-de-santo, que também trouxeram as suas máquinas, para ajudá-la.

A única cama serve para colocar os trajes e elas dormem numa esteira. Um galão de duzentos litros serve de reserva para água. Uma tábua colocada sobre tijolos serve para guardar as panelas. Um fogareiro de carvão serve para cozinhar os alimentos. Elas tomam banho num puxado, fora do quarto. "Da janela podia ver o pátio e observar todos os movimentos das pessoas no terreiro. Aprender em um Candomblé exige que estejamos sempre atentos, pois, desde que damos as costas, algo de interessante acontece. Eu me instruía, colecionava todo tipo de informação, sem nunca escrever. Era uma *iaô*, não uma pesquisadora. Foi nesse momento, enquanto dormia numa esteira, que aprendi o Candomblé de verdade, escutando o que diziam, observando o que se passava!"

As três mulheres trabalhavam sobretudo durante a noite, pois era mais calmo do que durante o dia e "lá pelas duas horas da manhã, tinha sempre alguém que preparava uma galinha, em troca de algum dinheiro. Joãozinho da Gomea, depois de seu *show*, também passava para vê-las. Estava sempre muito animado, falava sobre sua juventude em Salvador, dos incidentes ocorridos durante o *show*. Excelente bailarino, ele transpunha as figuras tradicionais do Candomblé em coreografias novas, dançadas pelos iniciados do terreiro. Estava sempre acompanhado de jovens bonitos e sempre dispostos a rir e a se divertir. A atmosfera era bem descontraída. Outros artistas, Marlene, Angela Maria, cantoras daquela época freqüentavam a casa dele; podia, assim, difundir – o que lhe fez tornar-se um personagem carioca – um certo aspecto da cultura e da tradição africana na boa sociedade carioca. Não perderia por nada no mundo o desfile, como destaque de sua escola de samba, do Carnaval do Rio. Tinha fama de ser um rico *babalorixá*, mas nunca tinha dinheiro guardado; vivia com o que ganhava nas consultas. Eu tive de emprestar o dinheiro necessário para comprar os tecidos para que os trajes pudessem estar prontos no dia da festa. O dinheiro de uns cobria as despesas de todos os iniciados do barco, sem distinção".

Apesar de suportar bem o cansaço, "eu podia dormir somente algumas horas durante o dia", ela estava tão esgotada quando chegou o final da iniciação que não viu nada da Festa do Nome do barco. "Porém, os trajes estavam prontos no dia." A Festa do Nome, pública, marca o nascimento de um novo *orixá*. Ela é ritmada pela solene aparição de vários *orixás* incorporados no barracão. Eles vestem, a cada saída, um traje diferente. Durante a terceira, cada *orixá*, por sua vez, dá um pulo e grita o nome africano que lhe é próprio. Os atabaques repicam, gritos rituais de saudação explodem em toda a sala. Reina uma enorme alegria.

Os anos difíceis (1963-1972)

"Chega o mês de outubro e estou quase pronta para voltar à França. Qual será o futuro? Como poderia continuar a viver o *Candomblé*? Meus vasos sagrados vão ser abandonados na mão dos outros. Isto me inquieta." Consultado, Joãozinho da Gomea acha que é melhor levar para a França o que lhe pertence, e voltar para as oferendas que fazem os *iaôs* aos três e aos sete anos após sua iniciação. Não tendo ainda três anos, ela só pode fazer as oferendas para poder retirar seus vasos e suas pedras sagradas. Joãozinho da Gomea "fixa" o *Exu de Iemanjá*, em um vaso cheio de barro, de certas folhas e diversos ingredientes próprios para reforçar a energia espiritual do *Exu*. Cada *orixá* tem o seu *Exu* pessoal que é, ao mesmo tempo, seu servo e seu mensageiro. É por isto que, apesar de sua posição subalterna, *Exu* é extremamente importante na hierarquia divina. Assim "fixado", o *Exu* pode "trabalhar" através das oferendas apropriadas e não está somente sob a direção do *orixá*, mas também sob a do ser humano ao qual ele está ligado. Joãozinho da Gomea prepara também os vasos sagrados dos *orixás* que acompanham *Iemanjá: Iansã, Obaluaiê, Ogum* e *Oxalá*.

Obaluaiê é o deus da varíola. Divindade masculina, capaz de dar ao mesmo tempo a doença e a sua cura, ligado à terra e às epidemias. Suas cores são escuras, vermelho e preto, amarelo e preto. *Ogum* é uma outra divindade masculina, ligado ao ferro, à atividade de fundição, de metalurgia e à guerra. Suas cores são vivas, especialmente o azul-escuro. Muito agitado e belicoso para permanecer nas habitações, *Ogum* gosta dos caminhos, das encruzilhadas. É o *orixá* "que abre o caminho".

"A recuperação"

Eis então Gisèle *Omindarewa* na França com os filhos que reencontrara, com seus vasos sagrados e com Jean B. Seus pais dividiram a casa de Sceaux: eles se instalaram no térreo e arrumaram um grande apartamento para ela e sua família nos andares superiores. O clima não está nada bom entre o casal. Gisèle "fica na moita", se preocupa com os filhos que vão ao Liceu Lakanal, mas estudam sem levar a sério as aulas. Teve que fazer uma cirurgia e, após sua convalescença, se dá conta de que deve retomar o trabalho. Não pode mais fechar os olhos, nem ignorar a crise, pois o seu casamento está indo por água abaixo. Obtém um cargo de professor-adjunto de inglês no Liceu Henry IV, em Paris, mas não pode ser titularizada porque não tem o diploma de Propedêutica. A tensão entre o casal não pára de aumentar e, em 1964, Jean B. abandona o lar.

É preciso recuperar-se da crise. Termina a sua licenciatura, obtém o CAPES (Certificado de Aptidão Pedagógica para o Ensino Secundário) e é nomeada, de início, professora no Liceu Lakanal, em seguida, em Antony, perto de Sceaux. Para os filhos também foram anos difíceis. Ela tem pouco dinheiro e o que Jean B. lhe envia é muito irregular. Pretende pagar todas as dívidas contraídas durante a instalação da família em Sceaux e que ele ignora: pelo menos, diz ela, "as crianças não terão vergonha da família deles". Aluga os quartos do terceiro andar para estudantes, mesmo se seus pais, e sobretudo a mãe, desaprovam. Além de ser professora no Liceu, dá aulas particulares. Apesar de todas as dificuldades, o grupo familiar é muito unido. As crianças aceitam com bom humor o bife de carne de cavalo e o arroz de todos os dias. "Comemos maravilhosamente bem aos domingos, na casa da avó."

A revolta de maio de 1968 foi uma verdadeira calmaria na sua vida sombria daqueles anos. A maioria dos colegas do Liceu de Antony se sente mal com o acontecimento, e sobretudo seu pai que não compreende nada do que está acontecendo. "Quando me comparo a meus colegas que pensavam que o mundo estava desabando, acho que tinha 'o espírito de maio de 68'," diz ela sorrindo. Ela tinha boas razões pedagógicas para tanto: quando começou a ensinar, na volta do Brasil, ela pedira aos seus alunos da sexta série para fechar os livros e os cadernos e brincar de falar inglês, "eles tinham uma pronúncia impecável, mas, como não sabiam nem ler, nem escrever, os pais dos alunos protestaram e tive que fazer como todos os outros professores". Um de seus filhos, cursando a Escola de Belas-Artes, se encontra no epicentro do "espírito de maio de 68", pois era ali que eram elaborados os cartazes que revolucionaram o grafismo político e publicitário. "O outro se apaixonou e se casou."

A tese de doutorado

Entretanto, durante todos estes anos, o Candomblé continua sendo a sua razão de viver. *Omindarewa* colocou seus vasos sagrados num canto do sótão: "Podia assim fazer, de vez em quando, pequenas oferendas ao meu *Exu*; isto me ajudava a viver, sozinha, isolada e fortificava meu *axé*." Na família, com exceção dos dois filhos, ninguém sabe de sua iniciação ao Candomblé. O mais velho acompanhou-a várias vezes à Gomea e sempre guardou segredo. Ela entra em contato com Roger Bastide e se inscreve para uma tese de doutorado de terceiro ciclo em sociologia. Ela não tem uma formação, nem diploma de sociologia, mas Roger Bastide confia nela e a orienta em suas leituras básicas. Também lhe deixa a livre escolha quanto ao conteúdo de sua pesquisa. No primeiro encontro, ele apenas lhe disse: "A senhora sabe muito mais do que eu, escreva!" *Iá* disse: "Ele não me disse mais nada. Dizer-me isto era muito corajoso de sua parte." Ela sonha com a sua volta ao Brasil, e por que não, com um cargo de pesquisadora no CNRS (CNPq, na França), como Pierre Verger. Em 1966, ano em que obteve o CAPES, ganhou uma passagem de avião do CNRS para passar dois meses no Brasil, a fim de completar sua documentação bibliográfica. Vai viver na Gomea e, com um certo atraso, fazer suas oferendas de três anos.

Escrever a tese exigia dela um grande esforço, pois deveria sustentar os filhos e sua família, o que não lhe deixava muito tempo livre. Porém, lê muito, Freud, Jung e outros psicanalistas, psicólogos e sociólogos. Segue os seminários de Roger Bastide e os do Georges Devereux, que está trabalhando sobre as minorias negras de Paris. Aprendeu muito sobre as relações entre o consciente e o inconsciente, mas tem a impressão de que todos esses especialistas estão aquém do problema, pois, segundo ela, partem do, *a priori,* seguinte: "As pessoas que entram em transe são doentes." Para ela, muito pelo contrário, "este mergulho no inconsciente do ser humano é um fenômeno natural, que existe em quase todas as civilizações. Existiu até mesmo no Ocidente, mas o cristianismo o eliminou deliberadamente na Idade Média, pois criava uma situação que escapava ao controle da Igreja. Este mergulho no inconsciente não implica uma verdadeira alteração da personalidade, mas permite fazer surgir os elementos da estrutura de base, do "somatótipo", alterados por diversas circunstâncias da existência." Em 1969, faz uma conferência importante, "O transe no Candomblé", em um colóquio do CNRS sobre a Possessão e o Transe.

Neste colóquio, encontrou Pierre Verger, agora seu amigo. Em 1966, defendeu uma tese sobre o tráfico negreiro e trabalhava sobre a utilização das ervas na África, um verdadeiro quebra-cabeça, pois ainda não dispunha dos computadores da Universidade da Bahia. Alguns anos antes, sabendo que Gisèle *Omindarewa* fora iniciada, tentara contatá-la, apesar de seu ódio inveterado das mulheres e, para sua grande surpresa, tornaram-se amigos! Quando ele está em Paris, vão se encontrar no *Quartier Latin*, tomam chá juntos "como se estivessem em casa das damas da alta sociedade", brinca Verger, e falam da África e do Brasil com emoção. Gisèle encontra também um outro francês apaixonado pelo Brasil e pela espiritualidade do país, Michel Simon Brésil. Este professor, conhecido outrora no Rio, fazia toda semana um programa na Rádio *France Culture* sobre música brasileira, Aquarelas do Brasil.

Musicóloga, ela se interessava muito pelos cânticos das cerimônias do Candomblé e lamentava por não saber traduzi-los. Vai aumentar as ocasiões de contatos com africanos que poderiam ajudá-la. Encontra um angolano, mas é ela quem vai ajudá-lo a descobrir a tradição religiosa de seus antepassados! A cristianização foi tão forte em Angola que a religião africana praticamente desapareceu. Encontra muita dificuldade para traduzir os cânticos que ela acredita serem escritos em *Kimbundo*. Através de Michel Simon Brésil, ela conheceu Nestor Adissa Ogoulola, originário do Benin, que vai se tornar seu amigo. Funcionário do serviço de pesca do Benin, ele veio para a França com uma bolsa de estudos. Durante o inverno, foi enviado de maneira desastrosa num barco pesqueiro no Mar do Norte; ele teve que ser hospitalizado e passou sua convalescença num Centro de Saúde da M.G.E.N. (Caixa de Pensão Mutualista dos Professores e Funcionários do Ministério da Educação Nacional da França) onde conheceu Michel Simon Brésil, também com a saúde frágil. Ele era natural de Pobé, uma região *iorubá* dentre os *Fon do Benin*, fala cinco ou seis línguas africanas e decifra uma boa parte dos cânticos que Gisèle lhe mostra.

Ele traduziu, sem nenhum problema, porque se tratava de sua própria tradição religiosa. Vai se tornar um ponto de ligação de *Omindarewa* em Cotonou, cada vez que ela voltar ao Benin.

Gisèle encontra novamente sua amiga de infância, Geneviève, que tinha sido madrinha de seu segundo filho logo depois da guerra. Solteira, ela "dedica sua vida a um jardim de infância, para compensar o fato de não ter sido mãe". Não entende nada do que se passou com a Gisèle, o que ela fez no Brasil e acha "horrível" o que leu na sua tese. Mas gosta dela e a ajuda. "Sua educação católica, sua convivência com os burgueses paroquiais de Sceaux, onde ela ainda mora, a impedem de entender o que faço." Mais tarde, quando Gisèle já tinha defendido sua tese, Geneviève organiza reuniões com seus amigos da paróquia: "A platéia mostrou uma tal rigidez de espírito que eu desisti, diz Iá. Há ocasiões em que é melhor calar a boca!" Uma única pessoa, "um clérigo laico" pôde conversar com ela e, num diálogo interessante, descobriram que falavam a "mesma língua". Ela acrescenta: "Foi sempre com as pessoas da Igreja que encontrei uma grande receptividade"(cf. infra).

Defendeu em 1970 sua tese, *"Contribuição ao Estudo dos Candomblés do Brasil. O Candomblé Angola"* (digitada, 414 páginas; doravante será citada como *Contribuição...* op. cit). O júri, sem conhecer nada do tema, faz algumas críticas formais mas, diz Iá, "ninguém relevou o ponto fraco". Baseada no ritual angola ao qual ela tinha sido iniciada, ela descreve na realidade uma mistura de tradições iorubá e angola. Para Gisèle, tinha sido difícil analisar todas as correlações, pois não tinha uma opinião definida sobre o assunto. Naquela época, conhecia o ritual Ketu. As circunstâncias do tráfico negreiro variam de acordo com a época, com a região e contribuíram seguramente para explicar este entrelaçamento. Parece que, na primeira metade do século XIX, a população escrava de Salvador era, na sua maioria, iorubá e vinha do Benin. Isto explicaria a predominância do culto iorubá e sua influência sobre todos os outros Candomblés. Em 1815, o tráfico negreiro tinha sido proibido ao norte da linha do Equador pelas grandes "potências" da época, sob a pressão dos ingleses que controlavam os mares. O tráfico continua, porém, e vai até aumentar, através do contrabando e das viagens ao sul desta linha, até 1850, quando foi totalmente proibido. No Brasil, um tráfico interno continuará ainda durante uns vinte anos, até quase a abolição da escravatura.

Os Candomblés iorubá são chamados ou nagô, por Bastide, ou Ketu. Sem entrar em detalhes sobre as etnias africanas, pode-se dizer que no Benin a palavra *nagô* significa os *iorubás* do Benin. A palavra Ketu refere-se à cidade de Ketu, do Benin, de onde são nativos a maioria dos descendentes *iorubá* enviados como escravos ao Brasil. Prefiro esta segunda denominação e falo de Candomblé *Ketu*. Segundo *Iá*, as principais diferenças entre os Candomblés angola e *Ketu* concernem aos ritmos, às melodias e às línguas. A iniciação também é diferente, bem como as folhas utilizadas nas diversas macerações. Os dois panteões são praticamente idênticos; os *nkisi* angola correspondem aos *orixás Ketu*, mas têm nomes diferentes. Tendo defendido sua tese em 1970, Gisèle *Omindarewa* volta ao Brasil, à sua custa, para fazer suas oferendas de sete anos de iniciada. Para sua grande surpresa, ela recebe igualmente o *deká* (de = atingir; Ká = ensinar). O *deká*, um conjunto de objetos rituais e de ingredientes representando todas as atividades do *babá/ialorixá*, é solenemente entregue a uma *ebamim* e lhe confere o direito de abrir um terreiro. Joãozinho da Gomea sacraliza também, durante esta cerimônia, uma pedra de *Xangô* que ela trouxera da África em 1962.

Como voltar ao Brasil?

Voltando à França, Gisèle se sente "à deriva, um pouco". A vida em Sceaux é cada vez mais monótona. Seus filhos não moram mais com ela. Cada um seguiu a sua vida: o mais velho, casado, trabalha com marketing e o outro é arquiteto. Além disto, sua mãe a controla e reclama com ela cada vez que "volta tarde para casa". Seu divórcio foi declarado em 1971. "Vivemos dezenove anos juntos. Era 'a esposa de'. Tendo vivido à sombra de meu marido, comecei então a ser eu mesma quando ele foi embora. Caíra na armadilha de seu espírito brilhante, de sua facilidade de expressão, oral ou escrita, provavelmente adquiridas na *École Normale Supérieure*, mas a vida com este ser, inteiramente voltado para si mesmo, com imprevisíveis saltos de humor, sempre preocupado com sua carreira, destruíra a imagem que tinha dele no início. É surpreendente o fato de tê-lo retirado da minha memória! O passado não me interessa. Vivo mais voltada para o futuro e faço sempre projetos, mesmo na minha idade!"

Que projeto fazer então, senão o de encontrar um modo de poder voltar para o Brasil? Não há nenhuma possibilidade de ingressar no C.N.R.S. porque o orçamento deles estava reduzido desde 1968. Tenta editar sua tese, mas lhe respondem: "Se a senhora quer que ela seja publicada, pague as despesas da publicação." Pensa sem parar no Brasil e sonha cada vez mais "com uma palmeira se abrindo no azul intenso do céu. A palmeira é muito importante, é a graça, a doçura de viver. Não gosto da linha reta. Detesto a arquitetura moderna quando ela renega as curvas." Mas, como voltar? Tenta uma escapatória e termina conseguindo do Ministério da Educação Nacional uma licença do Ensino secundário para fazer um estágio, durante o ano escolar de 1971-1972, no B.E.L.C. (Serviço de Ensino de Francês no Estrangeiro). Os seminários são realizados na rua Malebranche, num porão transformada em salas de aulas. Ela vai se submeter, além das sessões de dinâmica de grupo – no final das quais ela termina por se perguntar "quem é louco, sou eu ou os outros?" – à formação, em altas doses, de lingüística, de metodologia e de pedagogia. "Coisa de louco!" Em setembro de 1972 consegue ser nomeada conselheira pedagógica junto ao Serviço Cultural do Consulado da França no Brasil.

PARTE V

IÁ

Uma vida com duas faces (1973-1980)

Gisèle tem 49 anos quando volta a ocupar um cargo no Rio, em 1972. Aluga um apartamento na Lagoa e compra um carro. Sentindo logo uma certa reticência contra ela no Serviço Cultural, descobre, pouco a pouco, que as pessoas acham que é "uma espiã" do Ministério das Relações Exteriores, onde Jean B. tinha trabalhado por algum tempo. Paira também um certo mistério a respeito de sua vida no Candomblé, apesar de sua tese ser um álibi excelente. Um colega lhe dirá certa vez: "Quando cheguei, disseram que deveria ter cuidado, pois parece que você é uma mulher perigosa." Ela era encarregada da difusão do francês, especialmente nas Faculdades de Medicina. A função é mal definida: organização de cursos destinados aos estudantes e aos médicos, difusão de revistas médicas. Mas tudo era muito nebuloso.

Ela se lança, abre cursos no Hospital Pedro Ernesto da UERJ; no Hospital Antonio Pedro da UFF, em Niterói; na Faculdade de Medicina da UFRJ, no Fundão. Instala uma biblioteca no *Bureau* Pedagógico do Consulado, organiza seminários de reciclagem dos professores de francês do Brasil aos novos métodos de ensino de francês. Enfim, elabora com um grupo de professores brasileiros um método rápido de compreensão do francês escrito. Ela se apaixona por este trabalho que é, apesar de tudo, uma máscara atrás da qual se esconde uma vida secreta.

A *ebamim*

Logo após seu retorno ao Brasil, ela hospeda, por alguns dias, Pierre Verger e Balbino Daniel de Paula, um belo baiano iniciado no *Opó Afonjá,* em Salvador, e filho de *Xangô*. Os dois homens estão de partida para a África, onde farão um filme para a O.R.T.F. (Organismo de Rádio e Televisão da França). Balbino, um pouco mais jovem que *Omindarewa,* tinha sido iniciado bem jovem em 1959, pela Mãe Senhora, falecida em 1967, sucessora da Mãe Aninha, fundadora do *Opó Afonjá.* Balbino criara seu próprio terreiro, *Opó Aganju*, em Salvador. Pierre Verger pertencia ao grupo dos *ogãs* e tinha a função de *mogba* (dignitário de *Xangô*). Balbino e *Omindarewa* têm simpatia um pelo outro. O filme *O Machado de Xangô* conta a viagem de um negro brasileiro que atravessa o oceano para encontrar a "Mãe África", visitar a terra de seus ancestrais, fazer oferendas a *Xangô* e voltar para o Brasil carregado de toda a força espiritual de seu país de origem.

"Um solo para os *orixás*"

Durante o ano de 1973, Gisèle *Omindarewa* deixa a Lagoa e vai morar em Santa Cruz da Serra, onde comprou uma propriedade. Naquela época, só havia uma pequena casa no meio de um vasto terreno à sombra de treze mangueiras. Gisèle vai, durante anos (cf. infra), remodelá-la e aumentá-la. No riacho que desce da montanha e atravessa a propriedade, ainda há enguias e camarões de água doce. Ela não tinha a intenção de fundar um terreiro. Estava somente à procura de um "solo" que lhe pertença e onde pudesse depositar os vasos sagrados de seus *orixás*, para que ficassem, finalmente, "na casa deles". Entra em contato de novo com a Gomea. Joãozinho da Gomea morrera em 1971 e, mais de um ano após sua morte, os problemas de sucessão ainda não estavam resolvidos: "O brilho do chefe que unia a comunidade se esvaneceu." *Omindarewa* está decepcionada, triste. Ir à Gomea lhe faz mal. Também não encontrou sua irmã de barco, Afara, muito sua amiga e que morrera dois meses após Joãozinho da Goméa. Desorientada, afasta-se de lá. Todos os dias vai à Maison de France, no Centro. Começa a preparar sua casa, onde só vai nos finais de semana.

No final de 1973, Balbino volta para o Rio onde tem uma clientela, sobretudo na Ilha do Governador. Tendo vivido no *Opó Afonjá* de Salvador durante toda a sua infância, ele fascina *Omindarewa* pela sua bagagem cultural africana. Além disto, suas duas irmãs são iniciadas e seu pai é *ojê* (dignitário) do culto do *Eguns* (espírito dos mortos). Este culto, diferente do dos *orixás*, só é feito por homens e se concentra na Ilha de Itaparica, perto de Salvador. Outrora, estas sociedades masculinas teriam constituído um meio de lutar contra o poder das sociedades de feiticeiras, que só agrupam mulheres. Dotado de uma surpreendente memória e de uma inteligência aguçada, Balbino é totalmente impregnado de tradição africana. Um dia, *Omindarewa* se propusera a acompanhá-lo a uma festa no terreiro de uma de suas irmãs-de-barco e, quando foi pegá-lo na Ilha do Governador, sob uma chuva torrencial, teve um acidente com seu carro que derrapou e colidiu com um poste; ela quebrou cinco costelas e o nariz. Quando sai do hospital, num estado deplorável, Balbino vem ao seu auxílio. Ela está completamente só. Ele leva algumas de suas *iaôs* até Santa Cruz da Serra para cuidarem dela. Pela força de seu Cabloco – é comum que os membros do Candomblé recebam também, além de seu *orixá*, um caboclo ou um preto-velho (cf. infra) –, Balbino consege fazer com que ela se levante. Todos os dias 19 de dezembro, dia do aniversário de seu nome, e que marcara o final de sua iniciação, *Omindarewa* tinha o hábito de, mesmo nos piores momentos, dar comida aos seus *orixás*. Naquele ano, Balbino o fez por ela e organizou uma festinha em sua honra. Apesar de seu estado, que só lhe permitia mover-se, ela entrou em transe. A dança de *Iemanjá*, seu charme, encantaram Balbino e a amizade entre eles fortificou-se.

Do *Candomblé* Angola ao *Candomblé* Kétou

Assim, Balbino fez um jogo de cauris para *Omindarewa* e descobriu que ela não fizera as cerimônias necessárias após a morte do *babalorixá* Joãozinho da Gomea que tinha feito a sua cabeça. De fato, sempre é preciso retirar "a mão" que o *babalorixá*, ao morrer, deixa sobre a cabeça das pessoas que iniciou, porque seu *axé*, se tornando *egum,* suja-as. Portanto, é necessário que um outro *babalorixá* retire a sujeira deixada pelo *egum* do morto e a substitua por seu próprio *axé*. Como isto não tinha sido feito, *Omindarewa* teve um acidente de carro: a força do morto que, sem saber, levava consigo, lhe fora nefasta. Balbino se propõe a realizar as cerimônias e foi assim que *Ominda-rewa* encontrou um novo pai-de-santo. Através dele, ela pertence agora a um dos mais tradicionais Candomblés *Ketu* do Brasil. Cada vez mais fascinada com o dinamismo de Balbino, "contagiante" por sua alegria, aceita deixá-lo iniciar cinco pessoas em Santa Cruz da Serra, no ano de 1974.

O barco se compõe de um *Ogum,* de dois *Xangôs,* de um *Oxaguiã* e de um *Obaluaiê. Oxaguiã* é um *Oxalá* jovem e guerreiro, diferente do *Oxalá* velho, *Oxalufã,* praticamente assexuado, que caminha curvado e apoiado num cajado. Nenhuma das partes da casa serve de *roncó* para a reclusão. Instalam uma iniciada num quarto onde *Omindarewa* colocara seus vasos sagrados; dois, numa dispensa, e um, numa parte fechada da varanda. Por razões que dizem respeito à natureza da divindade, o iniciado de *Obaluaiê* não pode permanecer no mesmo espaço que os outros iniciados. Então, construíram para ela quatro paredes e um telhado, no jardim da casa. Balbino, assistido por *Omindarewa*, dirige a iniciação. As iniciações angola que *Omindarewa* conhece e as Ketu que ela descobre têm um fundo em comum: a purificação daquele que vai se tornar o receptáculo de uma divindade. Após as oferendas para *Exu*, para os ancestrais, fortifica-se a cabeça da iniciada com um *bori* e ela estará pronta para suportar a enorme força do *orixá* que vai incorporar. Em seguida, tem a cabeça raspada, sinal da perda de sua antiga identidade e, segundo um ritual muito preciso de sacrifícios, ela é sacralizada. Pouco importa a tradição na qual a iniciação é feita, a intenção sempre é a mesma: preparar um ser humano para ser o cavalo de um deus.

    A reclusão dura pelo menos vinte e um dias no ritual angola; no *Ketu*, só dezesseis, menos para alguns *orixás*. No angola, a reclusão é interrompida por três saídas dos iniciados com pinturas rituais, quando é noite, no barracão. No *Ketu,* estas saídas se fazem em pleno dia, no barracão, uma vez por dia, durante os sete primeiros dias. As pinturas rituais já são feitas desde a manhã, diferentes a cada dia e têm uma importância que não acontece no ritual angola. Neste último ritual, os iniciados são mantidos em estado de transe intermediário, chamado de éré (jogo, brincadeira; P. Verger, 1957 dá uma outra etimologia, *asi wéré,* louco), durante toda a reclusão. É por isto que *Iá*, em estado de *éré* durante quase vinte dias, não se lembra da sua reclusão. *O Riso*, de Bergson, explica ela um dia, é essencial para entender o fato de estar de *éré*. No *Ketu*, quando os(as) iniciados (as) não estão em estado de transe "normal", vivem num estado de semiconsciência, abobalhados; a reclusão é muito mais difícil de suportar. A iniciação inclui outras cerimônias, antes da reclusão, que diferem no ritual angola: a lavagem dos vasos sagrados com o sumo de algumas folhas, *sassain*, extremamente refinado em seus detalhes, consistindo em oferendas para *Ossâim*, divindade das folhas na força das quais o Candomblé "tem a sua essência".

    A Festa do Nome, do final da iniciação de Santa Cruz da Serra, em 1974, se passou num barracão improvisado delimitado, nos quatro cantos, por quatro eucaliptos cortados no jardim e dançava-se num chão de terra batida. As pessoas da Gomea tinham sido convidadas.

Elas entendem que *Omindarewa* lhes escapa. Algumas delas, muito contrariadas, farão pressão para que ela volte ao ritual angola.

O *Ile Asé Iá Atara Magba*

Giséle se perguntara, após ter entrado em transe pela primeira vez, "em que aventura me meti". E "a aventura" continua com suas circunstâncias: primeiro, o acidente de carro e a ajuda de Balbino quando saiu do hospital; em seguida, esta iniciação que vem acontecer na sua casa, e que a conduzem, sem que tenha verdadeiramente desejado, pelo menos conscientemente, a abrir um terreiro. Pierre Verger escolhe o nome: *Ile Asé Iá Atara Magba* (*ile* = casa; *asé* = força; a expressão *Atara magba*, feita de duas palavras africanas, e uma saudação aos antepassados, diz a *Iá*). Balbino continuava a lhe ajudar muito. Para *Omindarewa*, além de ter muito cuidado com o que se diz da Gisèle no Serviço Cultural do Consulado, as dificuldades são essencialmente de dois tipos: materiais e religiosas. Ela estava habituada ao ritmo do Candomblé da Gomea que, apesar da influência Ketu, era totalmente diferente do de Balbino; ela se deu conta disto após esta iniciação feita em sua casa. Apesar dos princípios de base serem os mesmos, o ritual toma um outro aspecto e ela deverá aprender tudo de novo. As modalidades da Festa do Nome são diferentes, bem como os sacrifícios que se fazem, com um luxo de detalhes bem preciosos, nos dois rituais: cada gesto é associado a um cântico bem específico. O *bori*, ainda que formalmente comparável em muitos aspectos, no ritual Ketu toma uma dimensão muito mais importante. As folhas, que constituem a base dele, são diferentes. Também isto ela deve aprender de novo, mas, como felizmente Balbino adora ensinar, ela enriquece seus conhecimentos.

A sacralização do local

Quando se abre um terreiro, é preciso primeiro organizar seu espaço, antes da sacralização do local. O primeiro altar a ser construído é o de *Exu*, à entrada do terreiro: "O mensageiro dos outros *orixás*, nada se pode fazer sem ele. Ele é o guardião dos templos, das casas, das cidades; é a cólera dos *orixás* e das pessoas. Tem um caráter suscetível, violento, irascível, astuto, grosseiro, vaidoso, indecente. Ele trabalha tanto para o bem como para o mal, fiel mensageiro dos que o enviam e fazem oferendas para ele" (Verger, 1957). As casas dos outros *orixás* serão paulatinamente construídas. As duas primeiras serão as dos dois *orixás* "do exterior", *Ogum,* o guerreiro, ao lado da entrada, pois ele "abre caminho", e *Oxóssi,* o caçador, seu irmão. O barracão, construído ao mesmo tempo, é feito com pilastras de cimento armado e coberto de telhas. Não tem paredes para que seu arejamento seja completo. Ele será inaugurado por Balbino durante a festa para *Iemanjá,* em dezembro de 1975.

Em seguida, virá a casa de *Obaluaiê,* que abriga *Nanã,* sua mãe. *Nanã* é a mais velha das três divindades da água. Ela reina sobre os pântanos e a lama; participa da criação do mundo. Suas cores são o azul e o branco. *Obaluaiê* e *Nanã* formam um grupo particular dos *Orixás e* são muito temidos. A casa deles é separada das outras e deveria ser coberta de palhas, mas, por causa de possíveis incêndios, este hábito foi abandonado. *Xangô, Iansã, Oxum,* a terceira divindade da água, *Iemanjá* e *Oxalá* serão, durante muito tempo, alojados sob o mesmo teto. *Iemanjá,* a dona do terreiro, será alojada por último, pois assim "ela fez avançar a construção da casa dos outros *orixás,* para poder ter a sua". *Oxum,* última divindade feminina do panteão que devemos apresentar, é uma divindade da água doce; mora nas fontes e nos rios. A fecundidade das mulheres depende dela. Vaidosa, sorridente, sua cor é o amarelo e adora se enfeitar com jóias de ouro para seduzir os homens. Tão popular em Cuba quanto *Iemanjá* no Brasil, simboliza a voluptuosa doçura e o amor.

Omindarewa financiará o conserto do telhado do barracão de Balbino em Salvador. Durante a construção do terreiro dela, ele virá regularmente sacralizar suas obras, e ajudá-la a definir seu panteão.

Após a primeira festa para *Iemanjá, Xangô* vai tendo cada vez mais importância no terreiro. Devemos lembrar que, em 1970, quando *Omindarewa* fizera suas oferendas de sete anos e recebeu o *deká,* Joãozinho da Gomea sacralizara uma pedra de *Xangô* que ela trouxera da África, em 1962. Através desta pedra sacralizada, *Xangô* torna-se também dono do centro, mesmo não sendo o principal *orixá* de *Omindarewa,* que é de *Iemanjá,* nem o segundo, que é *Iansã.* Nesta concepção do mundo (cf. anexo 1), todo ser humano, iniciado ou não, adepto do Candomblé ou não, tem vários *orixás cercando sua cabeça.* Isto não impede a supremacia de *Iemanjá,* a primeira dona do local, nem a de *Iansã* que anunciara que cuidaria das iniciações feitas no terreiro.

Balbino ajuda Gisèle a honrar, especialmente, a memória de Joãozinho da Gomea. Apesar das reticências de *Xangô* – sendo ele fogo, não suporta o frio da morte –, Balbino "fixa" um *egum*, numa casa um pouco recuada, o *igbo*, a casa de *Babá Egum* (o pai do ancestral) que representa os antepassados. Este *Babá Egum* é como um protetor do terreiro, ao qual recorremos nos casos mais desesperados. Presta-se a ele um culto muito secreto, igual ao prestado aos *Eguns* de Itaparica (cf. infra), do qual só participam homens. Mas *Babá Egum* nunca pode sair de sua casa, pois *Xangô*, muito ciumento, se opõe à sua saída.

Os primeiros passos de uma *Ialorixá*

Um outro homem, Arnaldo, dá uma ajuda decisiva a *Omindarewa,* quando ela abre seu terreiro. Gisèle o conhecera muito bem em 1960, durante sua iniciação na Gomea, onde ele era *ogã*. Nascido em Salvador, Arnaldo seguira Joãozinho da Gomea, quando ele viera se instalar no Rio. Seu pai também era *ogã*, sua mãe, sua irmã e seu irmão tinham também sido iniciados na Gomea de Salvador. Arnaldo era "um homem simples", mas, tendo em vista o seu ambiente familiar, adquirira uma competência considerável em termos de religião. Além disto, era dotado de uma grande perspicácia. Tornado o seu homem de confiança, ele vai viver a maior parte do tempo no terreiro, na *casa dos Ogãs*, controla os operários, resolve os problemas materiais quando aparecem e cuida das casas de *Exu* e de *Babá Egum*. Seu filho mais novo, Tiolo, praticamente criado por *Omindarewa*, vai tornar-se *axogum* (encarregado dos sacrifícios), cargo que ocupará desde muito cedo, com uma extraordinária habilidade para uma criança de apenas seis anos. Pouco interessado pelos estudos, Tiolo passa sua vida no terreiro com o pai. Em 1988, Arnaldo vai morrer no terreiro dela, de um infarto fulminante. "Ele me deu, diz *Iá*, um apoio eficaz e sobretudo soube me ensinar a não tomar decisões muito rápidas, a saber recuar e contornar as dificuldades nos casos difíceis, e a saber esperar a minha hora para agir."

A grande quantidade de mangueiras no jardim vai tornar-se rapidamente um empecilho para que a propriedade se tornasse um terreiro. É necessário abater algumas delas, que serão substituídas por pés de noz-de-cola, trazidos da África, em 1975, onde *Omindarewa* retornou (cf. infra) pela primeira vez desde 1962. A noz-de-cola sagrada é utilizada nas oferendas, onde seu papel é muito importante (cf. infra). São também plantadas duas árvores, uma *iroco* e um *apaoká* e uma grande variedade de plantas e arbustos cujas folhas, consagradas aos *orixás*, são utilizadas nos banhos rituais. Algumas delas vêm da África, como os pés de *aridan*, de *akoko*, de *araba* etc. *Omindarewa* também se torna conhecida pelas folhas do seu jardim, fornecendo-as aos *babalorixás amigos*, que sabem que elas foram colhidas segundo os rituais e nas horas propícias.

Quando um terreiro se abre é bom que, muito cedo, haja iniciações nele, para que, assim possa, crescer e tomar vida. O primeiro barco de *Omindarewa*, em 1976, tem duas *iaôs*, um homem jovem, Mariano, filho de *Logunedé* e uma garota de quinze anos, filha de *Oxumarê* (a serpente arco-íris), cuja mãe havia sido iniciada na Gomea. *Logunedé*, divindade masculina, é filho de *Oxóssi*, o caçador, e de *Oxum*, a divindade da água doce. Durante seis meses do ano ele vive com seu pai, caça, se alimenta de carne e vai passar os outros seis meses com a mãe, na água, onde come peixes. Gosta do metal dourado e das cores claras.

Omindarewa pede a Balbino para vir ajudá-la, mas sente que ele prefere utilizar seu terreiro para receber sua clientela do Rio, com mais dinheiro do que a de Salvador. Então, ela lhe escreveu uma carta, muito prudente, para não ofendê-lo, explicando-lhe que pretendia ser a mãe-de-santo dos iniciados; ele seria somente seu ajudante. "Dois carneiros não bebem água no mesmo cocho". Balbino sente provavelmente um pouco de despeito, mas ajudou-a sem restrições.

Omindarewa já conhecia Mariano, que ainda criança, já freqüentava a Gomea quando ela fora iniciada. Muito instruído nas bruxarias, ele nunca pudera saber exatamente qual era o seu santo de cabeça, *Oxum*, *Logunedé* ou *Oxumarê* porque cada *babalorixá* consultado tinha uma opinião diferente. A iniciação sendo uma (re)modelagem da personalidade, segundo o *orixá-arquétipo* e dono da cabeça (cf. infra), ninguém quisera assumir a responsabilidade de iniciá-lo. Muito bem informado dessa situação, Balbino faz uma consulta com Pierre Verger, depois uma outra com um de seus irmãos de iniciação, e, após longas horas de trabalhos, ele opta por *Logunedé*. Considerando a importância dos conhecimentos de Mariano, Balbino decide, sozinho, sem consultar *Omindarewa*, entregar-lhe o *deká* ao término de um mês. Ela tem a impressão de que está diante de um fato consumado, mas, como pretende manter o poder de decisão, declara que "sete dias (o tempo necessário para obter-se o *dekâ*) valem sete anos". Por outro lado, ela continua submetida às pressões da Gomea para fazê-la voltar ao Candomblé angola. Apesar disto, no ano seguinte, inicia outras pessoas durante as férias escolares, se afirma só, sempre se esforçando para permanecer fiel ao novo ritual que Balbino lhe ensinara.

Um Candomblé discreto, mas cheio de vida

Como *Omindarewa* continua sendo funcionária do Ministério da Educação, no Candomblé, não "se exibe" e organiza suas festas discretamente, exigindo que "sejam muito bem feitas"(cf. infra). Apesar desta discrição voluntária, um grupo, que vai aumentando sempre, se forma ao seu redor e ela se torna uma *Iá*, tendo sempre muita gente no seu terreiro. Recolheu em casa um afilhado de sete anos que a mãe tinha renegado, pois era asmático e com a saúde muito frágil. Trata dele com folhas, leva-o ao médico e o inicia. Sua saúde melhora. Ele será o primeiro de uma série de crianças, quase abandonadas pelo pais, que vai acolher e educar até o início dos anos 1990, com os mais diversos recursos financeiros. Assim, vivem no terreiro jovens sem emprego, um pouco perdidos na vida, que se tornam *Ogãs* e fornecem uma mão-de-obra alegre nas épocas de grande atividade. Morando na "casa dos Ogãs", eles estão sob o controle amigável, mas firme, de Arnaldo e de um senhor negro, já idoso, que viera ajudar nas obras do início da construção do terreiro. Ele ficou lá "como um enfeite", e não fazia muita coisa. Duas das primeiras iniciadas vivem igualmente no terreiro e asseguram a preparação das oferendas, cuidando do bom comportamento das mais jovens.

As iniciadas que dispõem de fontes de renda são raras, pois a maioria delas vem das camadas mais desfavorecidas da população. Todos devem, a cada mês, dar uma contribuição financeira mínima para as despesas do terreiro, porém poucos o fazem. É quase sempre o contrário: *Iá* fornece, para as iniciações, os tecidos e o material para os trajes, paga os animais para os sacrifícios em troca do que poderíamos chamar de uma "prestação de serviço". O terreiro vive, sobretudo, de suas fontes de rendas pessoais. Todos os dias ela alimenta todos que vivem lá, em média doze pessoas, e, nas épocas de grande atividade, o número delas aumenta. Ela começa a ter uma "pequena clientela" para as consultas de búzios que dá duas vezes por semana (cf. infra), mas este dinheiro não dá para manter a vida do terreiro. Estava sempre em busca de novas fontes de renda, como suas tentativas de ter criação de animais que nem sempre deram certo.

Em 1978, tendo ficado seis anos em um cargo no exterior, ela deveria normalmente ter voltado para a França. Porém obtém uma prorrogação de sua estada e vai ser leitora de francês na Universidade Federal de Salvador. No mesmo ano, através de amigos comuns, ela conheceu Patrick Frey, filho de Roger Frey, renomado político francês que naquela época era o segundo funcionário mais importante da República. Patrick Frey, entusiasmado por seu passado na Resistência, prometeu a Gisèle que pediria a seu pai para conseguir sua permanência no Brasil. Durante dois anos, ela vai de "corujão" para Salvador, vôo noturno, a preço reduzido, o que a faz passar duas noites por semana praticamente sem dormir. Arnaldo a conduz até o aeroporto, a uns cinqüenta quilômetros, e vai esperá-la na volta. Em 1980, tendo esgotado todas as possibilidades de poder permanecer no Brasil, obtém uma licença, enquanto espera obter sua aposentadoria prevista para 1983. Dá algumas horas de aula em uma universidade do Rio. É uma época de dificuldades financeiras, que se agravam quando ela pediu a aposentadoria, pois terá de esperar quase dois anos até que toda a documentação estivesse em ordem. A partir deste ano, sua única fonte de renda eram seus clientes do jogo de búzios. "Tenho clientes que têm dinheiro, mas não tenho a sagacidade de muitos *baba/ialorixás* que sabem conseguir clientes que financiam a construção de terreiros e pagam suas festas." Os dias das consultas são sábados e domingos. A partir de 1980, vem ao Rio todas as quartas-feiras dar consultas na casa de um amigo francês que mora num bairro muito elegante, a Urca. Começa a se a tornar conhecida. Seu preço é fixo, mas nunca recusa fazer um jogo para alguém que não tem dinheiro. Faz também *"ebós"*: sacrifícios, oferendas para *Exu* e outros *orixás* para as pessoas que vêm consultá-la. Quando pedem, ela se coloca à disposição para desmanchar trabalhos de bruxarias e purificar casas. "Durante todo este período, aprendi muito. Tinha uma fé incrível nos *orixás*, tinha certeza de que eles iam me ajudar, e nunca fui obrigada a pedir dinheiro emprestado ou a comprar fiado. Toda vez que estava sem dinheiro, um milagre acontecia... É assim que vivem os brasileiros pobres, com esse estado de espírito..."

No meio de todas estas atividades, Gisèle vai todos os anos passar um mês na casa dos pais, aos quais ela se dedica totalmente. Eles estavam muito velhos. Seu pai morre com 93 anos, em 1988, e, algumas semanas depois, sua mãe, com noventa anos. Gisèle não pôde assistir aos enterros, porque acabara de ser operada de duas hérnias de disco, depois de muito sofrimento e quase sem poder andar.

PARTE VI

A VIDA NO TERREIRO

O modo como esta pesquisa foi realizada ilustra muito bem a vida no terreiro da *Iá*. A maioria das entrevistas, infringindo todas as regras da "metodologia de pesquisa", aconteceu enquanto ela estava fazendo algo: dirigindo, costurando os trajes, enfiando contas para fazer os colares que são muito usados, ou, então, enquanto a manicure fazia suas unhas etc. Na fase da redação final, ela releu minuciosamente cada linha do manuscrito, e, cada vez que achava conveniente, me dava uma versão "falada/escrita" dos eventos que me contara, silenciara, ou evocara de forma alusiva: a primeira vez em que entrou em transe, as rivalidades do poder no seu Candomblé, por exemplo. Estávamos os dois sentados, diante do meu computador portátil, na varanda, mas raras foram as vezes em que ela ficou mais de quinze minutos sentada. Ou ia atender ao telefone, ou "mandar sua gente pra trabalhar" na preparação de um *bori*, de um *ebó*, ou então cuidar das obras da casa de *orixá*. Enfim, tinha chegado a fase final das obras da reforma do terreiro que tinham começado em 1990. As duas últimas casas que deveriam ser refeitas, a de *Obaluaiê* e a de *Babá Egum*, foram terminadas no final de 1997.

Isto serve igualmente para ilustrar as condições do exercício do poder num terreiro: sendo a emanação da força superior do *axé* do *baba/ialorixá*, esse poder é absoluto, não se divide, sendo delegado somente para exercício de algumas funções. A grande *baba/ialorixá* é aquela cujo forte *axé* domina os outros, para deixá-los exprimir-se, realizar-se, até mesmo nas tensões que podem levar a uma ruptura, sem que ela coloque a vida do terreiro em perigo. Em um terreiro, o poder em todo os níveis da hierarquia, muito rigorosa, é a transmissão de uma forma de conhecimento. Isto é fundamental para entender o desenvolvimento do Candomblé pela (re)criação de novos terreiros, ligados ao *axé* de uma pessoa. A crise do poder ocorrida no terreiro de Gisèle, em 1987, após uma doença grave dela e da qual assisti a algumas peripécias do desfecho final, é muito instrutiva.

As hérnias de disco

No final dos anos 1980, *Iá* começa a sofrer de dores insuportáveis na coluna. E, ainda hoje, cuida delas "com desprezo", pois, mesmo tendo tomado mais precauções, as dores não param. Um dia, em novembro de 1987, tendo se abaixado para apanhar uma chave, ela não pôde mais se levantar. Suas dores são inacreditáveis. Vai passar quase um mês de cama, sem poder fazer o mínimo movimento. Os médicos não querem se deslocar (estamos na Baixada Fluminense, em Santa Cruz da Serra). Ela não recebe nenhum tratamento. Todo mundo está desesperado, sem entender o que está acontecendo. "Foi então que eu me perguntei, visto que estava sofrendo tanto, se não seria melhor morrer."

Uma das suas iniciadas mandou chamar até o terreiro uma amiga dela que era fisioterapeuta: "Elas me salvaram a vida." Imediatamente ela se deu conta da gravidade do seu estado de saúde, tentou aliviar suas dores com massagens e proibiu visitas, para acabar com as lamentações que se tornaram insuportáveis para *Iá*. Algumas se sentiram ofendidas e acusavam o pequeno grupo de iniciadas que defendiam a fisioterapeuta, de querer "colocar a *Iá* sob o domínio delas", e se afastaram. Um mês depois, apesar de tudo isto, *Iá* conseguiu ser examinada por um jovem cirurgião que diagnosticou duas hérnias de disco. Foi operada no Rio, depois de ter sido transportada em cima de uma tábua, na traseira de sua picape. Antes de partir, ela recebe *Iemanjá,* que escolhe um dos raros fiéis que tinham ficado junto dela para ser o seu *otum babalaxé*. *Iemanjá* lhe dissera, igualmente, que poderia ser operada e que a operação seria um sucesso. Antes de operá-la, o cirurgião lhe dissera que "tinha 70% de chances de ficar numa cadeira de rodas para o resto de sua vida". *Iá*, confiando na mensagem que recebera de *Iemanjá*, lhe respondeu: "Doutor, o senhor pode me operar, estou dentro dos 30% de chance." De fato, a operação foi um sucesso. Ela voltou ao terreiro e pouco a pouco começou a andar, retomou suas atividades, mas só ficou completamente restabelecida em setembro de 1988. Vai então a Paris resolver "negócios de família", oriundos da morte de seus pais.

No início de 1988, após deixar o hospital, ela constatou que o clima de revolta permanecia por causa da designação de um *otum babalaxé*, e que as pessoas ainda continuavam afastando-se do seu terreiro. A maioria das *iaôs* e dos *ebamins* que foram embora, retornara com o tempo. Luís Carlos, o *otum babalaxé*, que tinha na época uns trinta anos, se instalou em uma das três casas da propriedade. *Iá* confia nele, que tem uma participação ativa na vida do seu terreiro. Ele não tinha sido iniciado ali, mas vinha sempre às festas.

Alguns anos antes, devido a divergências com o seu *babalorixá*, *Oxaguiã*, seu *orixá*, o tinha conduzido ao terreiro para que *Iá* fizesse suas oferendas e para que ele se colocasse "sob o seu domínio". Esta rápida ascensão na hierarquia do terreiro só poderia causar ciúmes dentre os *ebamins*.

Ele vem a falecer de Aids no início de 1998.

Uma pesquisadora

Antes de defender sua tese, ela publicou vários artigos em revistas especializadas ou capítulos de obras coletivas: "*A música no Candomblé*" no *La musique et la vie*, 1967; "*A filha de Santo*" no *Journal de la Société des Américanistes*, LVIII, 1969, e apresentou, no mesmo ano, sua conferência sobre o transe. Em 1974, ano em que Roger Bastide morreu, foi publicado um livro que ele dirigiu, *A mulher Negra na América Latina*, no qual Gisèle *Omindarewa* escreve um capítulo – "O papel da mulher negra nas religiões afro-brasileiras". Em 1975, participou de um programa de Michel Simon Brésil, na Rádio *France Musique*, sobre a música brasileira.

Em 1980, quando o Candomblé tornou-se sua única atividade e ela já começava a ser famosa no Brasil, a revista *Planeta* (1981, nº 144) lhe dedicou um longo artigo intitulado "Gisèle COSSARD ou *Ialorixá Omindarewa*. A francesa da Gomea". Publicou artigos em revistas brasileiras, sobre a *ialorixá* em *Oloorixá*; sobre as prováveis origens do que chamamos de "sincretismo" no Congo na Afro-Ásia etc. Começa a ser conhecida também no exterior e pesquisadores de diversas nacionalidades vêm vê-la, porque, como não falam o português, ela pode fornecer-lhes, em francês, ou em inglês, as informações que teriam dificuldades para obter sozinhos. "Eu não faço retenção de informação, como muitos *baba/ialorixá* fazem. Claro, todas estas pessoas me exploram, mas o mais importante para mim é divulgar o que é verdadeiramente o Candomblé, mostrar que se trata de uma religião e não de um amontoado de receitas de bruxaria". Ela encontra também muitos psicólogos, psiquiatras, psicanalistas, na França e no Brasil, mas, dialogar com eles, quando é possível, é bastante difícil.

É também solicitada pelos jornais, rádios e cadeias de televisão. Faz alguns programas para a televisão francesa, dois com André Brincourt e um com Michel Voisin, que se interessam pelo poder curativo das folhas, capazes de aliviar pessoas que sofrem. Também faz outro programa para a BBC; dá uma entrevista para os arquivos do Museu da Imagem e do Som do Rio. Enfim, em abril de 1995, a TV Globo a descobre e a apresentadora Regina Casé, em seu programa mensal *Brasil Legal*, a transforma em uma vedete por um dia. A TV Globo novamente recorre a ela, num programa na noite de 31 de dezembro de 1996, onde ela explica a importância da água para o mundo e as razões de sua utilização em todos os rituais africanos. No Brasil, ela fica famosa e, agora, conhecida por "todo mundo", é abordada na rua.

"Os jornalistas que trabalham na televisão", lamenta ela, "esquecem geralmente de me mandar uma cópia do filme feito no meu terreiro. Por exemplo, teria sido importante obter uma cópia do primeiro filme que a televisão francesa fez a meu respeito: os encarregados do arquivo não quiseram nem saber e nunca consegui obtê-lo. O filme passou no início dos anos 1980 num domingo de julho, às dezoito horas. O meu irmão, 'respeitável' médico, reagiu de maneira violenta. Me acusou de sujar o nome da família, e me disse um monte de besteiras!".

O Candomblé dos anos 1970

A atividade de pesquisadora de *Iá* e o aumento de sua popularidade, a partir dos anos 1980, inscrevem-se numa evolução profunda do Candomblé. Outrora, seus participantes eram recrutados sobretudo dentre a população "muito modesta" que, na maioria das vezes, não sabia nem ler, nem escrever, "mas tinha uma extraordinária memória e um excelente conhecimento empírico da natureza". A partir dos anos 1970, os novos adeptos eram escolarizados, tinham feito estudos primários, secundários e até mesmo universitários. "Eles tinham uma sede de conhecimento, rompiam as etapas tradicionais e liam tudo o que se escrevia sobre a religião deles. Já passou o tempo em que sociólogos e antrOpôlogos faziam, estando do lado de fora, o papel de teólogos do Candomblé, mesmo se nem todos eles se deram conta desta mudança."

Esta evolução, pensa *Iá*, está sem dúvida ligada à assinatura, em 1975, de um acordo cultural entre a Nigéria e o Brasil. Jovens bolsistas de origem *iorubá* vêm ao Brasil, encontram as pessoas do Candomblé que tentam, através do contato com elas, uma volta às origens. "Estes nigerianos de origem *iorubá* não são sempre muito competentes, pois são europeizados, mas, durante suas férias na África, vão procurar, junto aos seus pais, avós, tios e mais velhos, informações sobre a tradição africana que tanto fascina os brasileiros. Seguindo o mesmo caminho, outros nigerianos vêm igualmente negociar no Brasil. Trazem para os adeptos do Candomblé produtos autênticos necessários ao culto: manteiga de karité, penas de papagaio, pós para as pinturas rituais, contas e firmas tradicionais, panos-da-costa de fabricação artesanal chamados de *alaká* no Brasil, *asooké* na Nigéria etc. Todos esses produtos substituem os "de qualidade suspeita" que os comerciantes cariocas vendem. Enfim, produz-se, paralelamente a esses dois movimentos, cultural e comercial, voltados para a África, "uma tomada de consciência dos elementos 'afro' que lutam para ocupar o seu justo lugar na sociedade brasileira".

Iá participa de diversas reuniões com membros do Candomblé, que querem refletir sobre o futuro de sua religião e se esforçam para preservar sua autenticidade. Ela é ouvida com atenção quando dá sua opinião, mas não quer ser o porta-voz dos afro-brasileiros. "Este é o trabalho de vocês, não o meu, uma branca, apesar de pertencer ao grupo. Estou com vocês, com todo o meu amor, mas é preciso evitar de novo as relações clássicas do branco com o negro, do senhor com o escravo." Aliás, é um perigo que ela quer evitar no seu terreiro: "Mãe, sim, maternal, não!"

Durante esses anos, ela manteve igualmente um diálogo "muito proveitoso" com as pessoas da Igreja, que prolongou o contato que já tivera, na França, com um clérigo laico do círculo de amigos de sua comadre Geneviève. O mundo católico ainda está sob o choque da euforia do Concílio Vaticano II (1962-1965). "Naquela época, foi sempre no meio de pessoas da Igreja que encontrei uma maior compreensão. Com o padre François de Lespinay, por exemplo, enviado pelo Vaticano como missionário a Salvador, através da Fundação Jean de Léry. Encarregado de manter contatos com os adeptos do Candomblé, ele viveu no terreiro de Balbino na casa de uma *equéde*; algum tempo depois, ele tornou-se um dignitário deste terreiro. Um dia, um grupo de religiosas do mundo inteiro veio assistir a uma festa de *Oxalá,* no terreiro de *Iá*. No final da festa, as duas africanas do grupo foram ao encontro das *iaôs* no barracão e, entusiasmadas, começaram a dançar. Houve também o padre Paul, um pároco 'da pesada', que dirigia a paróquia de São Mateus, cuja ação comunitária era extraordinária... todos eles tinham um espírito de compreensão, uma ampla visão do mundo e percebiam, muito além dos 'rituais bárbaros', a fé e a espiritualidade que animam as populações de origem negra."

"A mãe África"

O título deste parágrafo é o de um dos livros de Basil Davidson, *Mãe África* (1965). A leitura dele ajudou *Iá* a compreender melhor a África, onde ela voltou em 1975, de novo ao Benin, após a viagem quase iniciática de 1962, nas pegadas de Pierre *Fatumbi* Verger. Ela encontra seu amigo Adissa, traz as árvores que iriam substituir as mangueiras abatidas (cf. infra) e produtos rituais para os revendedores de Madureira, um grande subúrbio do Rio cujo comércio é exclusivamente dedicado à venda de tudo o que diz respeito aos cultos afro-brasileiros. O mais importante é que, tendo preservado as amizades que fizera em 1962, nos centros religiosos onde fora, ela assiste às cerimônias: "Agora, falo a mesma língua que os africanos, temos a mesma maneira de ver as coisas em suas relações de causa e efeito: vivo em simbiose com essa religião e, pouco a pouco, me deixo envolver pelos seus elementos. Compreendo o que se passa nas manifestações religiosas, nos cultos prestados a *Xangô*, a *Iemanjá*, a *Oxum*. Por fim, começo a entender a África."

Ela retornará ao Benin e, às vezes, vai até a Nigéria, país vizinho, em 1979, 1982, 1985 e 1989. Nesse último ano, observa com tristeza que a República Popular Marxista está destruindo a religião africana. Os *babalaôs*, os *baba/ialorixás* estão na prisão; o Benin, deixado de lado pelos países vizinhos, está isolado, empobrecendo. Uma seca assola o país e as pessoas observam que ela só vai acabar quando os *babalaôs* e as *ialorixás* forem libertados. Seu amigo Adissa, que não se ligou à política econômica comunista do regime, encontra-se em graves dificuldades financeiras.

Voltando do Benin, nesse mesmo ano, passou pela França, onde perdeu seu caderno de endereços e todos os seus contatos naquele país. Além disso, os problemas com inundações em seu terreno se agravaram, as construções estavam em péssimo estado. Então, decidiu retomar as obras de terraplanagem do terreno e de reconstrução do terreiro. Devido a essas despesas, abandona a idéia de voltar à África. Ela também acha que está envelhecendo e já não tem mais idade para viajar em condições precárias. Porém, em 1996 volta ao Benin, quando o final das obras está próximo e apesar da perda dos endereços. Há sete anos não tem nenhuma notícia do Adissa: ele ainda estaria vivo? Leva consigo um iniciado, André de *Xangô*. Antigo comissário de bordo da VARIG e filho de um *babalorixá* de quem herdou o terreiro na Ilha do Governador; este é o primeiro contato dele com a África.

Ela encontra seus amigos e o Adissa, que está num estado lastimável. Em conseqüência das circunstâncias políticas e econômicas, não recebe salário há anos. Sua mulher o abandonou, deixando os três filhos para ele criar. André tenta ajudá-lo e propõe transformar sua imensa casa num "hotel" para os brasileiros do Candomblé que retornassem à África. Porém, é preciso fazer obras e equipá-la de sanitários. André e *Iá* retornam a Cotonou, em março de 1997, para participar de festas religiosas e controlar o avanço da reforma da casa de Adissa. Trouxeram panos-da-costa tecidos à mão de maneira artesanal, cuja venda permitiria financiar estas obras. *Iá* volta ao Benin em janeiro de 1998, mas desta vez acompanhada de uma *equéde*, que também vai pela primeira vez à África. Ela espera que, no futuro, outras viagens sejam possíveis.

"As cerimônias africanas são coloridas, alegres, muito mais espontâneas do que as do Candomblé. Os africanos se espantam a meu ver, mas sinto que agora tenho o afeto deles. Em Pobé, pediram, em setembro de 1996, que eu fizesse as oferendas de nozes-de-cola aos pés de *Xangô* e de *Iansã*, na mesma casa onde fizera, há alguns anos, a oferenda de um carneiro para *Xangô*. Isto representava uma extraordinária consideração a meu respeito. Aconteceu o mesmo em relação ao culto dos mortos. A semelhança das festas para os *Eguns* é incrível nos dois lados do mar. O chefe dos dignitários do culto dos *Eguns*, em Cotonou, me concedeu, em 1996, a honra de penetrar no quarto sagrado dos *babá*, local reservado unicamente aos homens que ocupavam um cargo na casa."

"Compreender a África"

Tudo o que a *Omindarewa* aprendera, dormindo na esteira da Gomea, obrigou Gisèle *Omindarewa* a ler, a refletir muito, quando estava redigindo sua tese. Este trabalho, que se prolongou durante dez anos, lhe permitiu reconstituir o fio condutor das concepções da pessoa humana na maneira de pensar dos africanos. Estas concepções são radicalmente opostas à visão ocidental e cristã na qual ela fora educada. No seu artigo *O Papel da Mulher Negra*, (op. cit. pp. 77-78) faz a síntese delas:

"Um deus supremo domina o mundo, mas, estando muito longe para se interessar pelos homens, ele é inacessível e, assim, não podemos prestar-lhe nenhum culto. Deus delegou poderes a seus ministros, os *orixás* (...) que regem o universo. Eles estão distribuídos da seguinte maneira:

- no espaço: os elementos (água, lama, terra, fogo, pedras, metais); suas manifestações (o arco-íris, o raio, o trovão, a chuva); o mundo vegetal; o mundo animal (homens e animais);
- no tempo: todos os fenômenos naturais (nascimento, crescimento, atividades, doenças, morte).

Estas forças são concebidas como seres animados. Elas agem segundo uma personalidade bem determinada, cada um tem suas características especiais, seu âmbito próprio, suas preferências, suas características, suas repugnâncias. Algumas vezes há interação e até mesmo luta e oposição entre elas e disto resulta, então, um conflito, no qual o homem pode estar envolvido. Como estas divindades não são por essência, nem boas nem más, elas não são inacessíveis e, por causa disto, é possível ao homem poder conciliar-se com elas; mas é preciso ter adquirido a ciência e a sabedoria necessárias. Infelizmente, ou por negligência, ou por ignorância, o jogo das forças permanece um mistério para o comum dos mortais e só um ser à parte, tendo mais *axé* de que os outros, pode desvendar os seus segredos. Jogando com estas forças, ele pode conseguir modificá-las em proveito dos mortais. Geralmente, este papel é incumbência das mulheres: a *ialorixá* (...). Ela tem, portanto, numerosas obrigações:

a) consultar as divindades e transmitir suas mensagens;
b) executar os diversos trabalhos exigidos por elas;
c) organizar festas durante as quais as divindades se incorporam;
d) enfim, condicionar certos seres humanos escolhidos por estas divindades para que elas possam incorporar-se.

Esta concepção do mundo se apóia numa concepção da pessoa que 'é muito difícil de definir' (op. cit., pp. 87-88). Pode-se distinguir, em um ser vivo:

- um envelope carnal;
- um princípio vital, elemento motor, que parece tratar-se do que os *nagôs* chamam *mi* e que, segundo Pierre Verger, seria a sombra;
- o *ori*, força de vida mais espiritual que permite ao homem pensar, raciocinar e que tem sua sede na cabeça;
- uma divindade *orixá* que, apesar de ser um elemento externo, impregna o ser humano com sua personalidade".

Neste artigo, Gisèle acrescenta:

"A força do ser humano provém ao mesmo tempo de seu princípio vital, do *ori* e do *orixá*. Esta força é o *axé* (...). O *axé* emana não só do homem, mas de tudo o que é animal, vegetal e mineral. Cada um destes elementos participa da força divina inicial. Assim, o homem ocupa um lugar apenas superior na criação e se encontra quase no mesmo plano que os animais, os fenômenos naturais, a árvore ou a pedra. Estes podem influenciar sobre sua força, assim como o homem pode influenciar sobre a deles, ou para reforçá-la, ou, ao contrário, para diminuí-la. É por isto que devemos ter constantemente cuidado para conservar seu *axé* intacto e se esforçar para detectar toda força externa que pudesse vir a deteriorá-lo."

Um outro elemento do modo de pensar dos africanos, sistematizado por Pierre Verger (1972), permite compreender as relações entre as concepções do mundo e as da pessoa humana:

"Numa sociedade sem escrita, a memória é indispensável para a conservação do patrimônio cultural e da transmissão, de geração em geração, da soma dos conhecimentos acumulados. O conjunto destas tradições forma a base da personalidade, da identidade, da originalidade de um grupo determinado, lhe dá sua razão de ser e o diferencia dos outros grupos. Esta memória é de caráter coletivo e não pessoal (...). Um ensinamento tirado da leitura de um livro, por mais culto que seja, seria sem valor numa civilização oral, pois lhe faltaria um elemento essencial: a força das palavras pronunciadas. Entre os *iorubás*, a transmissão oral do conhecimento é tida como o veículo do *axé*, o poder, a força das palavras que num texto escrito não tem voz. As palavras, para obterem seu valor, para existirem, devem obrigatoriamente ser pronunciadas. O conhecimento, transmitido oralmente, tem o valor de uma verdadeira iniciação pela palavra agente. A iniciação não se passa ao nível mental da compreensão, mas ao nível dinâmico do comportamento. Ela está fundamentada nos reflexos e não no raciocínio, reflexos provocados por impulsos provenientes de um fundo cultural que pertence ao grupo e que é válido sobretudo para ele."

As consultas

O valor de uma dona de terreiro se reconhece através de suas qualidades de líder, pelo seu conhecimento dos rituais e, também, pelo seu "dom de visão" no jogo de adivinhações que é, escreve Gisèle

Omindarewa em sua tese (contribuição, op. cit., p. 256) "um longo aprendizado, que exige ao mesmo tempo uma excelente memória, uma grande intuição e, ainda mais, um senso psicológico muito desenvolvido. De fato, parece que não é preciso conhecer o significado de cada figura apresentada pelos búzios (os cauris). Para interpretá-la corretamente, é preciso ter um dom especial que é dado pela clarividência".

Ela deve boa parte de seus conhecimentos a Pierre Verger, formado na arte da adivinhação, segundo os rituais, por um *babalaô* na África. Porém, lamenta que ele não tenha deixado nada publicado. Deve muito também às suas leituras: Lydia Cabrera (1980), William Bascon (1969), Judith Gleason (1987), Wandé Abimbola (1975). Entretanto, quem ela considera como o mais importante, o mais completo, é Bernard Maupoil. Ele nasceu em 1906, fez seus estudos na Escola Colonial e no Instituto de Etnologia onde foi aluno de Marcel Mauss. Tornou-se "administrador de colônias", como se dizia naquela época, e fez uma pesquisa sobre a adivinhação no "Baixo-Dahomé" (hoje o Benim), entre 1934 e 1936. Ele denunciou os abusos do colonialismo, defendeu os republicanos durante a Guerra Civil Espanhola (1936-1939) e se engajou na Resistência em 1942, após ter depositado sua tese na Sorbonne. Ele morreu no campo de concentração de Dachau para onde fora deportado. Sua tese "A Geomancia na Antiga Costa dos Escravos" (1946) lhe conferiu o título póstumo, em 1981, de Doutor.

Uma consulta é uma conversa com os deuses através de um jogo de adivinhação. O *Baba/ialorixá* lança os búzios (cauris) numa peneira e faz uma prece em língua africana. Os cauris, cujo lado arredondado foi cortado, caem de um lado ou do outro, formando uma figura que é a resposta precisa à pergunta que fora feita. O fato de lançar várias vezes os cauris pode dar nuances ou modificar o oráculo.

Quando sua situação material tornou-se estável, nos anos 1980, *Iá* retoma suas consultas, que dá duas vezes por semana "para consagrar mais tempo aos *orixás* e às oferendas. A maioria dos *Babá/ialorixás* se interessa pelo lado da 'magia' das consultas, pela possibilidade de influenciar sobre o destino dos clientes, porque é uma fonte de rendas. Tudo isto não me interessa. Faço isto porque faz parte das minhas atribuições, mas não gosto muito. Não tenho paciência para costurar moelas de galinhas, onde estão escondidos os nomes dos namorados escritos num pedaço de papel. Ou, para amarrar num quiabo, o nome da pessoa que se quer dominar, colocando-o, em seguida, numa tijela cheia de quiabos moídos que são batidos até se transformarem numa baba. O que me interessa é reestruturar a pessoa humana no seu inconsciente, segundo a imagem de uma divindade da qual ela é o reflexo". Isso não é possível em uma simples consulta, mas ela se inspira no seguinte procedimento: "As pessoas vêm me pedir conselho sobre as vicissitudes da existência. Tento ajudá-las, fazendo *ebós* e oferendas, mas, na maioria dos casos, a conversa já permite à pessoa descarregar o que a atormenta. Dou conselhos de moderação, de distanciamento para que ela possa tomar uma decisão. Nunca faço críticas, mas tento fazê-la refletir, acalmar-se. Geralmente, tudo isto dá à pessoa a força para dominar o seu problema e, então, para ela, metade do caminho já foi percorrida.

As iniciações

Iá considera a iniciação como o ato essencial de sua vida de *ialorixá*. Seu elemento fundamental é o transe, ponto sobre o qual é preciso voltar. Em sua conferência já citada, sobre o transe, Gisèle *Omindarewa* apresenta uma teoria que "explica" sua prática da iniciação. "Cada ser traz em si desejos, tendências, que a educação, o meio ambiente, os acontecimentos podem ter reprimido durante a existência, até que a personalidade inicial possa ser mais ou menos modificada. É esta personalidade inicial que a iniciação vai reforçar e magnificar (...). A iniciação (...) reforça a divisória impermeável no sentido indivíduo/*orixá* e é no inconsciente que a nova personalidade irá se realizar. De fato, a divisória só é hermética em um sentido; o *orixá* pode modificar os impulsos, os desejos da iniciada. Ele deixa mensagens, cuja origem a iniciada não conhece (...) Ao despertar, ela, sem saber por que, mudou de ótica, vai modificar seu comportamento em função da vontade do seu *orixá*".

Iniciar alguém é, portanto, para um *baba/ialorixá*, um ato de enorme responsabilidade, que explica o fato do uso, pela iniciada, das palavras mãe, pai, quando fala da pessoa que fez sua iniciação. *Iá* acrescenta: "Não se trata de um ensino didático direto, mas, pelo contrário, da utilização do transe para atingir o inconsciente. Para fazê-lo, utiliza-se o poder de certas folhas que foram maceradas. Têm igualmente uma influência: os ritmos, os sons, as cores, a simbologia dos trajes, os penteados de cada *orixá* e, por fim, a clausura, ruptura com o mundo. Porém, é preciso ser extremamente prudente, pois o esquema divino que serve para reestruturar o inconsciente da pessoa, nada mais é do que o 'somatótipo' definido pelos 'psi', isto é, a 'personalidade de base' que pode ou não ter sido desenvolvida no passado. Unir uma pessoa a uma imagem divina não é um simples fruto do acaso, mas se trata de inseri-la numa perspectiva universal. É estabelecer uma ligação indissociável entre ela e os elementos da natureza: a água, o fogo, a terra, o vento, o mar, os minerais, as cores, os ritmos da vida. E associá-la, igualmente, aos elementos dos animais: os que têm um sangue quente, como os touros, os carneiros, a caça, os voláteis; aos que têm um sangue frio, como o jabuti, os caracóis etc. Assim, se nós associarmos uma iniciada a uma porção do universo bem determinada, é preciso ter certeza ao definir exatamente aquela porção à qual ela pertence. Portanto, uma extrema prudência é exigida para afirmar que tal *orixá* é o dono de cabeça de um indivíduo (cf. supra, o relato da iniciação que ela fez em 1976 e todo o zelo que foi tomado para poder definir o *orixá* de Mariano). O ser humano se insere no Universo."

Ela estima em mais de uma centena, o número de pessoas que ela já iniciou até hoje e, em aproximadamente duzentos, iniciados ou não por ela, o número de pessoas que se colocaram "sob o seu domínio". Não me foi possível estudar esta população, pois ela só guardou a filiação deles aos *orixás*. Após suas hérnias de disco, ela pensou em parar de fazer iniciações, ou de frear o ritmo delas, esgotante: "É preciso levantar-se ao nascer do dia para dar os banhos; ocupar-se deles como verdadeiros recém-nascidos; fazer com que aprendam um ritual extremamente rigoroso, regras de vida muito formais; eles devem sair, após dezesseis dias de clausura, sabendo se comportar em público, isto é, condicionados para deixar que o *orixá* possa manifestar-se através deles. Assim, decidira não fazer mais iniciações, exceto no caso, muito improvável, de reunir um barco de doze (o número sagrado de *Xangô,* M.D.). Então, eu me inclinaria diante de sua vontade (de Xangô, MD). Cada vez que um candidato se apresentava, eu me virava e encontrava razões para adiar. Porém, um dia, acabei por me dar conta de que não estava longe de ter doze pessoas! Fiquei apavorada e decidi iniciar os nove primeiros, deixando para depois, os dois ou três que se tinham apresentado por último."

Era preciso preparar nove jarras para os banhos, fabricar quase quarenta anáguas, armá-las, colocando-as na goma (durante a iniciação, todos os *orixás* são vestidos com saias armadas por três anáguas,

MD); enfiar as contas para fazer mais de noventa colares com as diversas cores dos *orixás* ; confeccionar três trajes diferentes para cada um deles, trançar a palha das pulseiras e *contra-eguns*, bordar os adereços de cabeça; fabricar os distintivos e reunir, por fim, os animais para os sacrifícios: nove cabritos, nove galinhas d'angola, nove patos, nove pombos e mais de cem galinhas e frangos. Todos os membros do Candomblé participaram destes preparativos. Não havia mais dia, nem noite. Estávamos permanentemente sob tensão. Apesar do esgotamento, tudo foi feito dentro das regras. A festa do Nome foi deslumbrante!"

As festas

Elas são públicas e geralmente ocorrem nos finais de semana, normalmente aos sábados, e também aos domingos. Elas começavam aproximadamente à meia-noite e só terminavam ao nascer do dia. *Iá* preferiu que elas começassem no final da tarde, para poderem terminar mais cedo, durante a noite.

O período de festas varia de um terreiro para o outro, mas não a estrutura delas, pelo menos para o Candomblé Angola e o *Opô Afonja,* aos quais assisti. Elas acontecem, exceto para estas do Nome ao final da iniciação, em honra de um *orixá*. No terreiro de *Iá*, o calendário anual de festas não mudou desde a abertura do terreiro. É raro que elas aconteçam no primeiro sábado de cada mês, reservado ao *osé*, dia da lavagem ritual de todos os vasos sagrados. As festas de *Ogum* e *Oxóssi* se fazem nos primeiros meses do ano; as *ayabas*, orixás femininos, em maio; *Xangô*, em junho, *Obaluaiê*, em setembro, as águas de *Oxalá*, em outubro, as oferendas a *Babá*, no começo de novembro e a festa de *Iemanjá*, em dezembro. Essa festa exige mais preparo, porque ela é a dona-da-casa e, a cada ano, usa um traje novo.

Todas estas festas exigem oferendas prévias. As festas de sete anos de santo, como a dos três anos, custam caro. As *iaôs* tentam fazê-las "a crediário", mas *Iá* só aceita com restrições. As *iaôs* vêm para o terreiro pelo menos uma semana antes. Mergulhadas na vida dele, elas se preparam espiritualmente para a festa, são purificadas, fazem as oferendas para *Exu, Egum, ori* e para os *orixás*. Elas são obrigadas a permanecer no terreiro por, pelo menos, uma semana depois da festa, antes de retornar à vida normal. A preparação de uma festa de oferendas não é diferente de uma festa comum, mas exige outras obrigações: conseguir os animais necessários para os sacrifícios; passar goma nas anáguas que devem ser "impecavelmente duras", fazer ou mandar fazer os novos trajes da *iaô* que, nesta ocasião, renova o guarda-roupa de seu *orixá*, seus adereços de cabeça ... "Tudo isto implica a presença de numerosas pessoas competentes, que é preciso orientar, e é necessário prever comida para todo mundo" (em média dez pessoas na semana que precede uma festa de oferendas).

Em todo Candomblé, na semana que precede a festa, há sacrifícios de animais em oferendas a *Exu* e aos *orixás*. Estes sacrifícios não são públicos. A festa propriamente dita começa sempre por uma oferenda a *Exu*, na rua, para que ele afaste os eventuais espíritos perturbadores que poderiam vir durante a festa. O *siré* (a ordem de sucessão dos cânticos e das danças para saudar cada divindade) começa algumas horas mais tarde. *Baba/ialorixá*, os eventuais dignitários convidados de outros terreiros e os *ebamins* se colocam de um lado do barracão, à altura dos três atabaques instalados do outro lado, em cima de um estrado. Colocam-se bancos para o público em volta do barracão, exceto ao lado dos atabaques. O público fica de pé e canta durante a entrada da roda das iniciadas, que dançam no barracão. Os atabaques – e também o *adjá* – de tamanhos diferentes, sagrados, são "a voz dos deuses" convidados para retornarem à terra e tomarem posse de seu cavalo, ou para, eventualmente, escolherem um novo dentre o público, manifestando sua presença no seio dos homens.

A roda das iniciadas começa pelos *dobalés* que as iniciadas fazem, deitadas esticadas no chão de frente para o portão aberto, para o mundo exterior; no centro do barracão, onde estão enterrados os *axés* que dão sua força; na frente dos atabaques; na frente do *babalorixá*. A ordem das cantigas pode variar, mas quase sempre ela começa saudando os *orixás* masculinos e depois os femininos. Após estas saudações, o *alabé* lança as cantigas apropriadas, numa ordem rigorosa, para chamar os *orixás* e provocar os transes. Os efeitos, muito diferentes dos ritmos e da música sobre o transe, ainda são mal conhecidos, pois são muito pouco estudados. As *equédes*, que entraram no barracão com a roda dos iniciados, intervêm para retirar as jóias etc. das pessoas que entram em transe; modificam seus trajes de acordo com o *orixá* que chegou, a fim de lhes permitir dançar alguns cânticos. Quando todos os *orixás* invocados já vieram e dançaram, as *equédes* os conduzem até o local reservado, em geral o *sabaji*, onde vestem os trajes de festa. Os atabaques param e há uma pausa durante a qual as iniciadas servem um lanche.

Quando recomeça, a festa atinge logo o seu clímax, com a entrada suntuosa dos *orixás* no barracão. Todo o público está de pé e canta com alegria. Em alguns terreiros, fogos explodem do lado de fora. Em seguida, cada *orixá* vem dançar sozinho, enquanto os outros, em fila, às vezes sentados em um lado do barracão, à altura dos atabaques, esperam sua vez. Vários *orixás* podem dançar juntos. Após terem dançado, eles se retiram e a festa termina. No seu terreiro, Iá termina com uma dança, o *alujá* (ritmo *Ketu*) em honra de *Xangô*, *orixá* de Balbino, seu *babalorixá*. Cada vez que a vejo dançar – "como uma africana", dizem os adeptos do Candomblé – radiante como uma criança, apesar do cansaço marcando suas feições, não posso deixar de pensar na cirurgia dela, que poderia impedi-la de dançar para sempre; depois penso na menina de Sceaux que "queria fazer tudo como os garotos" e, por fim, na mulher que um dia ela me disse que: "Tinha pés bem pequenos e seios como maçãzinhas"...

Entretanto, a festa ainda não terminou completamente, pois começa um momento de desconcentração, quando o dia está clareando. Mesas são colocadas fora do barracão e uma refeição, em geral um churrasco ou uma feijoada, é servida a todos os presentes, acompanhada de refrigerantes e de cerveja. O clima é descontraído e, às vezes, a festa termina com um samba-de-roda (dança na qual cada um entra na roda para dançar). Iá adora estes finais de festas: "A bebida e a dança permitem relaxar, se exteriorizar e romper com atitudes convencionais, provocando uma explosão de alegria." Se o samba-de-roda se prolonga ou recomeça no dia seguinte, outras pessoas podem entrar em transe, mas, desta vez, não é mais um *orixá,* mas um caboclo, muito travesso, que dá conselhos...

Uma jornada da Iá

"O meu dia começa geralmente às cinco e meia da manhã. Primeiro, faço um café verdadeiro, 'à brasileira', misturando o pó e o açúcar no filtro. Ponho a máquina de lavar roupa para funcionar – só ela faz isto – e preparo as tarefas que vou distribuir a todos. Mas, seja de manhã, de tarde ou de noite, nunca tenho tempo para cuidar da comida, e como o que me trazem à mesa. Cuido das minhas plantas com muito amor – várias vezes a surpreendi, em geral de manhã cedo, passeando no jardim, acompanhada dos cachorros com as mãos nas costas – e vou dar uma olhada nas minhas galinhas-d'angola (a criação atual). Compro-as com um dia de vida. São trazidas de avião e, quando estão crescidas, vendo-as aos comerciantes, que as revendem para os terreiros de Candomblé. Tenho um casal de cachorros, fiéis companheiros, que estão sempre atrás de mim, seguindo todos os meus passos. São mais trabalhosos que cachorrinhos novos. Eles são naturalmente ciumentos e sempre se colocam na frente das pessoas que querem falar comigo, mas não são nada agressivos, porém gostaria de que não fossem tão mansos, para poderem me defender melhor.

Nunca saio de noite por causa da insegurança geral. Evito contato com os vizinhos, para não me meter em brigas com eles. Todo mundo conhece 'a francesa'. Todos os que batem à minha porta são acolhidos, inclusive quando vêm pedir um prato de comida. Nunca recuso e mantenho a tradição da minha avó da Vendée, que sempre tinha uma tigela de sopa para dar aos que, naquela época, eram chamados de 'caminhantes'." Quase nunca vê televisão, algumas vezes certas novelas que adora: o *Rei do Gado,* em 1996, *Xica da Silva* (a história de uma escrava mestiça amante de um governador português do século XVIII), em 1997: "É uma forma de conhecer as reações dos brasileiros e a maneira como funciona a cabeça deles!"

Reflexões da *Iá* sobre a tradição, a hierarquia no Candomblé

"No terreiro eu tenho agora um certo número de *ebamins*, nas quais eu posso me apoiar. A maioria delas tem um cargo, uma responsabilidade. A grande maioria é casada e tem filhos, netos, ou, se vivem só, têm que trabalhar para se manter. O Brasil está evoluindo, se transformando numa 'sociedade de consumo' e as pessoas não se contentam mais em ter um vestidinho feito pela costureira de sua rua. Os brasileiros querem, almejam dar uma boa educação a seus filhos em colégios particulares. Querem estar na moda, com lindos tênis nos pés, roupas de 'marca'. Por isto, é cada vez mais difícil, muito mais do que outrora, assumir encargos no terreiro. Quanto a mim, continuo a respeitar as exigências de minha religião. Respeito suas proibições e, sobretudo, me submeto às regras da hierarquia rigorosa que regem as relações dos membros do Candomblé entre si". Ela cita, a respeito disto, o livro de Mãe Stella – *Meu Tempo é Agora*, 1993. Mãe Stella dirige o terreiro *Opô Afonjá*, de Salvador, desde a morte de Mãe Senhora, em 1967; por causa disto, ela é a *ialorixá* mais famosa do Brasil.

"Mãe Stella, extremamente reservada, segundo a *Iá*, observadora fina, não hesitou em escrever sobre o Candomblé e a sua hierarquia num livro que é um verdadeiro código de comportamento das *iaôs* no seio de um terreiro." Apresento aqui um breve resumo dele.

Um primeiro capítulo curto sobre a história do *Opô Afonjá*, ressalta o papel decisivo das mulheres que o fundaram, todas *ialorixás* de grande porte, algumas analfabetas: elas conseguiram impor e fazer respeitar a religião delas. O segundo capítulo, um terço do livro, é dedicado às *iaôs* e dá os detalhes de suas obrigações. "Foi para elas, diz a autora, que escrevi este livro"(p.23). O terceiro apresenta os encargos dos membros do conselho que, num terreiro, assistem os *baba/ialorixás*. O conselho mantém a hierarquia no seio do *Candomblé* e Mãe Stella diz que esta hierarquia é fundamental para um bom funcionamento da comunidade religiosa (p.69). Três curtos capítulos terminam o livro. Um deles é dedicado aos clientes e visitantes dos terreiros. Um outro conta a lenda *d'Oiá* (*Iansã* no Brasil) e permite à Mãe Stella ilustrar esta proposta, cito-a: "O nascimento espiritual e a morte são convergentes" (p.91). O último capítulo evoca algumas questões que provocam discussão no Candomblé, como a noção de *axé* e as modalidades de sua transmissão das divindades aos homens: "A essência de nossa religião é o *axé* (a magia que se produz), transmitido através de práticas secretas pelo que recebe"(p.104; contudo mostra que "quem recebe" *o axé* deve ser interpretado em oposição aos que não o recebem). Ela reafirma também (p.108) sua recusa a todo sincretismo com uma outra religião.

Iá não foi iniciada nem no terreiro *Opô Afonjá* de Salvador, nem no terreiro oriundo dele. É filha-de-santo de Balbino. Porém, sempre quis conhecer melhor seu novo ritual. Foi por isto que ela encontrou Ubirajara, o Bira, e que ficaram amigos. É um pernambucano que acabara de se aposentar da Marinha. Fora iniciado em Salvador, por Balbino, no seu terreiro do *Opô Afonjá;* depois se mudou para o Rio, onde dirige um terreiro, perto de Duque de Caxias. Através de Balbino, ele se tornou irmão-de-santo de *Iá*. Por razões pessoais, ele procurou Mãe Cantulina, *ialorixá* do terreiro *Opô Afonjá* do Rio (cf. infra, anexo). Mãe Cantulina sabia muitas coisas e Bira, extremamente inteligente, "soube encontrar o caminho para conseguir sua confiança. As pessoas da idade de mãe Cantulina e que têm a sua experiência, não se abrem facilmente para os jovens, mas Bira soube conquistá-la". Quando, devido à idade, ela volta para Salvador para ir viver no *Opô Afonjá*, ele continua fiel a ela, bem como ao terreiro onde ele assiste a todas as festas. É por isto que Mãe Stella passa a confiar nele. Bira é filho de *Xangô* e este *orixá* vai dar a *Omindarewa* um cargo no terreiro dele, ela é *Iá Ié Xangô* (*Ié* por *ile*, casa). Através destas ligações, reforçadas no decorrer dos anos, *Iá* verifica muitos detalhes do ritual, trabalho que ela não tinha feito completamente durante as visitas de Balbino ao seu terreiro. Através de Bira, ela foi convidada a participar, em Salvador, das festas de *Xangô* no *Opô Afonjá* que acontecem em julho. Todo ano, ela vai ao terreiro de Bira para ajudar na preparação de sua própria festa de *Xangô*. Em contrapartida, este lhe ajuda nas grandes festas de seu terreiro, sobretudo a de *Iemanjá*. Iá também tem um cargo na casa de Balbino: ela é *ia egbe*, mãe da comunidade, título honorífico do qual ela se orgulha.

"Fiquei exasperada pelos grilhões dos burgueses. Mergulhei num outro mundo maravilhoso, que ainda me encanta, e me inseri num sistema talvez mais exigente que o da burguesia que abandonara. Mas isto me enriqueceu tanto sobre o conhecimento do homem, que não sofro com estas restrições. Quando vou ao *Opô Afonjá* de Salvador, é claro que retomo a minha posição de *iaô* e me sinto uma criança diante dos grupos de antigas iniciadas por quatro mães-de-santo sucessivas, algumas mais velhas foram iniciadas por Aninha e ainda vivem! Mas a riqueza cultural destas mulheres que, na maioria, não sabem ler, nem escrever, me fascina. As pessoas dizem que o Candomblé é um poço sem fundo e que nosso aprendizado é interminável."

PARTE VII

UMA PALAVRA DO INTERIOR DO CANDOMBLÉ

Minha interpretação do caminho espiritual da *Iá* é centrada sobre o que ela chama de "grilhões burgueses". Considero, de fato, que sua experiência de vida ilustra, sem dúvida, o movimento mais importante e característico de nossa época: a humanidade, abandonando a era moderna europeocentrista, sob o domínio masculino que teve início no século XVI, abandonando seus antigos sistemas de valores, procurando outros e reinventando seus deuses. Ou então, como *Iá*, entrando "num outro mundo maravilhoso" e descobrindo mundos, que aliás, são muito antigos. Se a África é, como tudo leva a crer, o berço da humanidade, ela é também o das religiões. Portanto, os deuses africanos estariam dentre os primeiros a serem descobertos pelo homem antes que este fosse, por sua vez, (re) modelado, (re) inventado por eles; e devemos perguntar por que somente o descobrimos no século XX. Acontece o mesmo fato com os deuses dos Índios que poderíamos, após a descoberta do Novo Mundo, julgar mortos. Para começar a responder a esta questão, que ultrapassa o âmbito deste livro, proponho que tomemos como ponto de referência os primeiros escritos conhecidos, feitos por brancos, sobre os índios do Brasil, no século XVI, como os já citados de Thévet e de Léry e o de Staden[1] (1957-1979).

As origens do Estado Moderno

Até uma data recente, pelo menos na França, um esquema simples explicava o desenvolvimento da humanidade: todas as sociedades humanas vão da barbárie à civilização e todas percorrem as mesmas etapas em direção ao progresso; a Europa é o modelo universal deste progresso (após a Segunda Guerra Mundial, este papel é assumido pelos EUA). A elaboração deste modelo europeocentrista começa no

---

[7] Staden era alemão, protestante e aventureiro mercenário. Soldado "tendo tomado a decisão, se Deus quisesse, de visitar as Índias", ele vai até a Holanda de onde embarca, em 1547, para Portugal. De lá, veio para o Brasil a bordo de um barco português e retorna em 1548. Alguns meses mais tarde, retorna ao Brasil a bordo de um navio espanhol, onde permanecerá até 1554. O relato que fez de suas aventuras(cf. infra) é publicado em 1557, ano em que o primeiro livro de Thévet é publicado, *As Singularidades da França Antártica* (op. cit.) e da chegada de Léry ao Brasil, onde permanecerá até 1558.

século XVI, com os dois acontecimentos maiores que simbolizam o nascimento do mundo moderno: a descoberta do Novo Mundo e a sua cristianização forçada; a maturação lenta, no Ocidente, de uma forma inédita de monopolizar o poder (Elias, 1975) e de governar os seres, de administrar a natureza e as coisas, que logo depois chamamos de "Estado".

O homem branco e cristão, o centro do mundo

O discurso de Léry (op.cit.) aos "seus" *Toüoupinambaoults* do Brasil ilustra muito bem o primeiro evento que parece fazer do homem branco cristão o princípio da finalidade da criação do mundo por Deus. "Eu comecei, explica ele, por falar da criação do mundo para eles: insistia sobretudo sobre este ponto para lhes fazer entender que Deus fizera o homem, a mais perfeita das criaturas, para que glorificasse acima de tudo o seu Criador: acrescentei que, como nós o servíamos, ele nos preservou na travessia do mar, sobre o qual, para vir encontrá-los, permaneceríamos normalmente quatro ou cinco meses sem colocar o pé na terra. Nesta época, provavelmente, não temíamos, como eles, ser atormentados pelo *Aygnam*[2], nem nesta vida nem na outra para que, lhes dizia, se quisessem se converter dos erros onde os mantinham os *Caraibes*[3], mentirosos e enganador, e juntos, deixarem a barbárie, para não comer mais a carne de seus inimigos; assim, teriam as mesmas graças que conheceriam pelo fato de as termos. Em resumo, para que, tendo feito com que eles compreendessem a perdição do homem, nós os preparássemos para receber Jesus Cristo..."

Segundo esta concepção do mundo e do homem, há uma hierarquia entre os modos de pensamento que se desloca entre dois pólos, a magia do selvagem, que é "erro" como diz Léry, e o "natural",

---

[2] *Aygnan* é definido de duas maneiras por Léry: "isto é, o diabo na linguagem deles" e "espírito maligno que atormentava os selvagens". Segundo Lestringant, "*Aygnan, ou Anhangá*, ainda está presente hoje nas crenças da população mestiça do Brasil". Ele "não desempenhava um papel importante na mitologia tupinambá. Foi para corresponder às necessidades da ação missionária que veio a ser identificado a Satã".

[3] Léry chama-os de "falsos Profetas". Lestringant diz que eles são "mais do que simples feiticeiros". Vivendo "longe de todos, nos locais mais selvagens e só se manifestando intercaladamente, eles faziam previsões (...) sobre um futuro apocalíptico ou de felicidade. Estes verdadeiros messias, que proclamavam abertamente suas origens divinas, animavam as incessantes migrações das tribos de Tupis-Guaranis em sua longa marcha para a Terra sem o mal". (1535)

que é "verdade" do branco civilizado[4] como professa ainda uma antologia recente de textos de escritores Negros. No livro *Os Brancos Vistos pelos Africanos* (1998), Chevrier apresenta "o funcionamento do imaginário africano na representação do branco" nestes termos: "Ao contrário do etnocentrismo ocidental, vê-se de fato aqui a presença efetiva de um etnocentrismo africano, incapaz de atribuir uma origem *natural* à aparição dos primeiros Brancos. Tendo em vista *a mentalidade mágica* que rege seus comportamentos, os africanos têm, portanto, tendência a integrar esta experiência nova, insólita, que constitui o surgimento dos Europeus, *no interior de um sistema de inteligibilidade preestabelecido*. Servimo-nos dos utensílios de que dispomos" (As palavras destacadas o são por mim M.D.). Mas não é inerente à toda "mentalidade", o fato de se *exprimir "no interior de um sistema de inteligibilidade preestabelecido"?* E não seria mais conveniente, antes de querer desvalorizá-la, decretando-a "mágica", decriptá-la?

A mentalidade de Léry, por exemplo, que interpreta as danças e os transes das mulheres Índias como se fossem "sabbat" de "feiticeiras" "*do lado de cá*", não é também tão "mágica" quanto a dos Índios que tenta converter ao catolicismo? Seguramente ela não é mais "natural"! Escutemos o que ele diz: "... ficamos estarrecidos com mulheres que (...) começaram a gritar de tal maneira, durante uns quinze minutos, que observando-as não sabíamos qual comportamento adotar. De fato, não só porque urravam assim, mas também porque davam saltos de uma grande violência e faziam balançar suas mamas, a escumar pela boca, algumas (como os que são possuídos pelo mal daqui) até caíam no chão desmaiadas; acho que só pode ser o diabo que penetra no corpo delas e que, de repente, ficam furiosas (...) concluí que o mister delas é como o mister das outras: isto é, que as mulheres brasileiras, dentre as quais também há feiticeiras (...) e as que exercem o mesmo mister infernal por aqui, eram conduzidas pelo mesmo espírito de Satã: sem que a distância dos lugares nem a longa travessia do mar impeçam este pai da mentira de operar, aqui e lá, nos que são possuídos por ele pelo justo julgamento de Deus." Lestringnam comenta: Léry (...) está pronto para lançar ao fogo as daqui, como as de lá!"

---

[4] A distinção entre selvagem e civilizado, fundamentada sobre a diferença de linguagem, é sem dúvida tão antiga quanto a humanidade. Ela sempre foi utilizada, pelo que se considera como civilizado, para justificar a escravidão do outro, o selvagem.

O católico Thévet era também tão radical quanto ele. Ele não entende por que "deixamos pulular tanto lixo, com esta grande quantidade de feiticeiras, que colocam folhas de ervas nos braços, penduram amuletos ao pescoço, muitos mistérios, cerimônias, que curam febres e outras coisas, que são pura idolatria, dignas de grande punição".

Do Código Negreiro (1685) ao abade Grégoire, "o amigo dos homens de todas as cores"

Quando surgem os primeiros escritos sobre os índios do Brasil, a França está coberta de sangue por causa das guerras de religião (1562-1598), que são o caminho da formação do Estado Moderno. Mas a Bíblia, pela qual as pessoas se matam, permanece sendo o pilar deste novo modo de organização dos homens em sociedade, sendo a referência suprema para todos. Na época, não há nenhuma dúvida para os que inventam o Estado moderno, os príncipes, os homens de letras, clérigos ou laicos, os protestantes ou católicos, de que a criação do mundo começa com Noé, origem da nova humanidade. Alguns mitos dos índios, que podem ser interpretados como a narração de um dilúvio do qual uma tribo teria sobrevivido, parecem confirmar isto. No que diz respeito à sua descendência, a questão, no entanto, que não será jamais decidida categoricamente, permanece sem resposta: eram eles filhos de Sem ou de Cam, o filho maldito de Noé, até mesmo de Japhet, obrigado a ir "ao largo"?[5] Contando a maneira "como os selvagens dão nome aos recém-nascidos" escreve: "O pai chamou os vizinhos para irem até sua cabana e procuram que nome poderiam lhe dar (...) ele declarou então que lhe daria o nome de um de seus quatro ancestrais (...) Pensei então que Coem (o nome escolhido, MD) era o mesmo que Cam; mas esta palavra significa, na língua deles, a manhã." Para os negros, no entanto, é seguro que, filho de Cham, eles são e ficarão para toda a eternidade: "Quando Noé acordou de seu encantamento, soube o que seu filho mais novo tinha feito (Cam M.D.). Ele lhe disse : "Maldito seja Canaã! (filho de Cam, M.D.). Que seja para os seus irmãos o último dos escravos !" Ele também disse: "Bendito seja Yahué, o Deus de Sem, e que Canaã seja seu escravo! Que Deus colo-

---

[5] Léry escreve: "De quem podem ser descendentes estes selvagens. A respeito disto, digo, em primeiro lugar, que é claro que eles tenham sido filhos de um dos três filhos de Noé: mas afirmar do qual, sem que seja provado pelas Santas escrituras, nem até mesmo pelas histórias profanas, é muito fora de propósito."

que Japhet ao largo, que ele habite nas tendas de Sem, e que Canaã seja seu escravo!"(A Bíblia, Gêneses, 9,21-27).

O Edito de Nantes, promulgado em 1598 pelo rei Henrique IV, que abjurou, vai colocar um final às guerras de religião e reconhecer a liberdade de consciência aos protestantes. Um século mais tarde, em 1685, um outro rei, Luís XIV, revoga-o e, no mesmo ano, promulga o Código Negreiro (Sala-Molins, 1987). A revogação do Edito de Nantes vai instaurar a intolerância religiosa como doutrina estatal: os protestantes são banidos da França ou sem nenhuma dúvida, são como um antepassado da *Iá*, obrigados a abjurar. Quanto ao Código Negreiro, ele regulamenta em sessenta artigos, a sorte e vida dos escravos "negros" em "nossas ilhas da América", interditadas aos Judeus e aos protestantes, todos "inimigos declarados do nome cristão" (artigo 1). Estes dois editos de 1685 são fundadores do Estado moderno francês. As Igrejas reformadas e luteranas só serão "cultos reconhecidos" pelo Estado em 1802, e o Código Negreiro ficará em vigor sem interrupção até 1848.

No preâmbulo dele, afirma-se que seu objetivo é "manter a disciplina da Igreja Católica Apostólica Romana, para regulamentar o que diz respeito ao Estado e à qualidade dos escravos nas ditas ilhas". O artigo 2 é formulado da seguinte maneira: "Todos os escravos que irão para nossa ilha serão batizados e instruídos na religião católica, (...). Pedimos aos habitantes que comprarem escravos negros recentemente chegados, para prevenirem os governadores e intendentes (...) nos oito dias que se seguirem, no mais tardar, (...) para darem ordens de instruí-los e batizá-los no tempo conveniente." Este Código não diz respeito ao Brasil[6], mas é interessante citá-lo aqui, pois sua lógica de civilização, trazendo o batismo cristão, tem sua justificativa nos escritos do século XVI sobre os Índios do Brasil. Destinados à escravidão pela Bíblia, os negros não conheciam, mais do que os índios do Brasil, "o verdadeiro Deus" e se têm crenças religiosas – acontecia de se perguntar se tinham uma alma –, eles só poderiam ser "erros", "bobagens", "pilantragem" etc.

Os filósofos do *Século das Luzes*, substituindo Deus pela razão, compartilham esta concepção e a tornam laica. Convencidos como

---

[6] Os portugueses batizavam os negros antes de embarcá-los nos navios negreiros com destino ao Brasil.

Rousseau, de que "a perfeição" da espécie humana, capaz de se elevar "acima de seu estado original" para atingir a reflexão, todos pregam, com nuances, o que Voltaire exprime claramente: os europeus "me parecem superiores aos negros, como os negros são superiores aos macacos e como os macacos o são às ostras". É por isto que, mesmo se opondo à escravidão, NENHUM deles faz a crítica filosófica do Código Negreiro, nem pede sua abolição. A prova disto é a política que seus discípulos implementam quando tomam o poder em 1789. A sociedade dos Amigos dos Negros, fundada em 1788, batalha pelos direitos "dos homens de cor" que moram nas colônias. Esta expressão designa exclusivamente os mulatos, negros que têm sangue de branco nas veias e que, por isto mesmo, são humanizados e merecem ser tratados como os brancos. Quando em São Domingos (Haïti), os escravos negros dirigidos por um deles, Toussaint-Louverture, se revoltam e conseguem sua emancipação, em 1793[7], o maior defensor deles estimava, em 1790, "que emancipar de repente os negros seria a mesma coisa que açoitar uma mulher grávida para que ela desse à luz antes da hora". Os "negrófilos', como se chamavam naquela época os que se opunham à escravidão, consideravam que, na verdade, eram necessários setenta anos para que os negros chegassem à soleira da humanização, antes de serem libertos (Sala- Molins, op. cit.).

O abade Grégoire, personagem importante da Revolução de 1789, queria unir o catolicismo e a Revolução para fazer assim a grande utopia de seu tempo. Definindo-se como "o amigo dos homens de todas as cores", seu combate contra os escravistas merece respeito, mas é preciso dizer quais idéias o animavam. Sua obra, de 1808, *Da literatura dos negros*, é muito representativa do modo de pensar do homem branco cristão da época das luzes. Eis alguns exemplos. Ele afirma que não podemos assimilar "o homem à raça dos macacos"; admite que "os negros, sendo da mesma natureza que os brancos, têm, portanto, como eles, os mesmos direitos para exercer, os mesmos deveres para cumprir", mas acrescenta logo depois que, "na maioria das regiões

---

[7] No dia 4 de fevereiro de 1794, a Convenção estende por decreto a abolição da escravatura a todas as colônias e a todos os homens que moram nelas, "sem distinção de cor". Não há nenhuma modalidade para a sua aplicação. Tornado Primeiro Cônsul, Bonaparte envia um exército para atacar Toussaint-Louverture que proclamara a independência de São Domingo, em 1800. Derrotado, foi feito prisioneiro na França numa região montanhosa. Ele morre em 1802, por causa do clima rigoroso. No mesmo ano, uma lei restabelece o tráfico, a escravidão, o código Negreiro e decreta que os escravos retornem à condição que ocupavam antes de 1789.

africanas, a civilização e as artes ainda estão nascendo (...) as artes são filhas de necessidades naturais ou fictícias. Elas são quase desconhecidas na África (...). A religião cristã é um meio infalível de preparar e manter a civilização (...) e é através dela que nossos ancestrais, os gauleses e os francos, abandonaram a barbárie e os bosques sagrados não foram mais sujos com os sacrifícios de sangue humano". Ele se diz das "Luzes" e dos sentimentos difundidos pelo cristianismo, em seguida, pela civilização "para condenar estes Europeus que se aproveitam dos cadáveres de Negros infelizes para extrair ouro". Ele elogia, também, algumas "nações africanas" que "transpuseram as barreiras que separam o selvagem do homem civilizado, e o aperfeiçoamento moral delas é tal, que os missionários cristãos poderiam exercer de forma útil a tarefa deles neste país". Uma palavra – "regeneração"– que encontramos, aliás, no título de um de seus primeiros escritos, *Ensaios Sobre a Regeneração Física, Moral e Política dos Judeus* (1788), resume sua filosofia. A regeneração é o antídoto, religioso para alguns, como Grégoire, política para outros, ao que Buffon chamava, do seu ponto de vista científico, degenerescência : O negro, afirma ele, é uma degeneração da raça branca (Sala-Molins, op.cit.).

No século XIX, este esquema cientista/evolucionista se torna mais político: o revolucionário que guia "o Povo" para a felicidade, tenta substituir Deus que lhe traz salvação, mas não abandona o terreno da utopias do milênio. Michelet, por exemplo, grande representante desta corrente, proclama que "A França da Revolução" é o (novo) modelo universal do desenvolvimento das sociedades (O Povo, 1846). De fato, a influência das idéias francesas da Revolução é forte, no século XIX, em numerosos países. No Brasil, por exemplo, podemos citar o projeto da fundação de uma Academia de Belas Artes pelo rei Dom João VI que convida, em 1816, artistas franceses, dentre os quais J.B. Debret, antigo pintor oficial de Napoleão 1º, a viajar para o Brasil; a Proclamação da Independência, em 1822, se faz segundo os ideais de 1789; bem como a da República, em 1889, e a adoção, na época, da divisa *Ordem e Progresso* inspirada na religião positivista da humanidade de A. Comte (1798-1857) etc.

As origens da Antropologia

Tendo aceito ser uma *ialorixá*, isto é, adoradora das divindades africanas, *Iá* se torna, ao olhar de muitos, uma "feiticeira", como seu irmão lhe acusara com muita clareza. Ela se afirma como mulher e rompe com sua condição de ser a "esposa e mulher de". Rompe, também, com o europeocentrismo e, sobretudo, com o modo de pensar ocidental. Rompe, por fim, com uma determinada forma de estudar as sociedades humanas que, segundo Lévi-Strauss (1955), Léry seria o iniciador e o modelo: "trago no bolso, escreve ele nos seus *Tristes Trópicos*, Jean de Léry, *Breviário* do Etnólogo" (esta palavra é grifada por mim, M.D.).

Quando a humanidade está aprendendo de novo que o branco não é o centro do universo e, se houve criação do mundo, que ele não é o eleito – nem o povo judeu, como ainda é possível continuar pensando como no século XVI?

Seria inútil acusar esses homens de pensar segundo as idéias de sua época; aliás, quase sempre à revelia deles, sobretudo Thévet, que deixaram testemunhas insubstituíveis sobre A *Civilização Material das Tribos Tupis-Guaranis* e *A Religião dos Tupinambás* (títulos de teses defendidas em 1928 por Métraux que redescobriu Thévet; Clastres, P., 1974; Clastres H., 1975). Mas deve ser colocada uma questão: por que estas idéias foram tão sanguinárias e por que são responsáveis pela morte violenta de muitos milhões de seres humanos ? Por que não foram os índios do Brasil ou de outros lugares (Wachtel, 1971), que pediram aos brancos que viessem descobri-los e, depois, exterminá-los. Também não foram os negros da África que pediram a esses mesmos brancos que fizessem tráfico deles, que os deportassem e os escravizassem durante mais de três séculos em "nossas ilhas da América", antes de colonizá-las no século XIX. Porém, qualquer que seja a explicação, "natural" ou não, dada ao "surgimento dos europeus" na África, em "nossas ilhas da América", isto aconteceu. Por quê? E por que razão esta pergunta, pelo menos na França, ainda continua sendo reprimida como já mostrei (infra) a partir dos escritos etnológicos de Leiris, geralmente considerado, com razão, como o pai da *etnografia* contemporânea antiacadêmica e anticolonial?

As circunstâncias das viagens de Thévet e de Léry ao Brasil, sempre citadas, são conhecidas. Faço aqui um breve resumo. Em novembro de 1555, o Vice-Almirante de Villegaignon desembarca, na Baía de Guanabara, com o objetivo de fundar uma colônia, que ele chama de "França Antártica", muito embora Thévet reivindicasse a paternidade do nome. Dividido entre o protestantismo e o catolicismo, pelo qual terminará por optar, ele quer que sua colônia, da qual ele se proclama Vice-Rei, seja um modelo de coabitação harmoniosa entre os protestantes e os católicos recrutados para a expedição. Os Índios, ao que parece, não lhe interessavam. O monge franciscano Thévet, que já viajara muito, mais interessado pela cosmografia do que pela teologia – na sua volta à França, vai pedir para ser destituído de seus votos de monge e se tornará o "cosmógrafo do rei" – é o capelão do grupo. Mas, ao chegar, fica doente, não pôde rezar a missa de Natal e foi obrigado, dez semanas depois, a retornar, em janeiro de 1556.

Uma controvérsia teológica vai logo depois dividir a colônia. Villegagnon escreve para Calvino, com quem estudara, pedindo a sua opinião, bem como o envio de uma missão protestante. A missão, da qual Léry faz parte, chega no início de março de 1557. Léry tinha 22 anos e ainda não é pastor, trabalha como sapateiro. A polêmica sobre teologia se acirra e Villegagnon finalmente toma partido pelos católicos. No final de outubro de 1557, ele expulsa os protestantes da colônia. Enquanto esperam o repatriamento para a França, em janeiro de 1558, se refugiam numa tribo de índios. Após uma travessia muito dolorosa, marcada por uma endemia de fome a bordo, o navio chega à França, pela costa da Bretanha. Após algumas semanas de convalescença, os sobreviventes, entre os quais está Léry, vão ao encontro de Calvino, em Genebra. Pouco depois da saída do Brasil, Villegagnon manda afogar três protestantes que tinham escolhido ficar com ele, mas que se recusam a renunciar à religião protestante. Em 1559, após passar o comando a seu sobrinho, ele retorna à França. Em março de 1560, os portugueses tomam a colônia e põem um termo definitivo ao que foi, sem dúvida, a primeira tentativa no mundo de construir uma sociedade da Utopia[8]. Os franceses tentarão várias vezes, sem sucesso, retomar um lugar no Brasil em 1612-1615, com a implantação de uma colônia chamada "França Equinocial", no Maranhão. Em 1711, o corsário do rei Duguay-Trouin e seus piratas seqüestram e pilham a cidade do Rio de Janeiro (Torres, 1996).

---

[8] Este aspecto da expedição de Villegagnon no Brasil, a meu ver essencial, é raramente relevado. Lembro que Tomas Morus, executado em 1535 por ordem do rei da Inglaterra Henrique VIII, de quem ele não aprovava o divórcio e a ruptura com o Papa, publicou *A Utopia* em 1516. Não sei se Villegagnon conhecia este livro. Pouco importa, Morus inspirou-se na descoberta do Novo Mundo: "A ilha Utopia escreve ele, foi 'descoberta' por Raphaël, Português, que se 'dedicou inteiramente' ao 'estudo da filosofia' e navegou, como Ulisses, até mesmo como Platão."

Thévet não viu muita coisa do Brasil, mas aprendeu muito. Seus livros constituem uma mina, com a condição de serem utilizados com discernimento e espírito crítico (Lussagnet, 1953). Ele retranscreveu os relatos sobre os mitos, os sacrifícios humanos, a vida cotidiana dos Índios, a fauna e a flora feitos pelos homens que se tornaram o que se chamava, naquela época, de "intermediários". Estes homens, na maioria marinheiros, vieram a bordo de navios mercantes para fazer comércio, sobretudo o da madeira, o pau Brasil. Viviam com os índios, ou porque, como Staden, decidiram assim fazê-lo, ou porque a companhia marítima lhes pedira para ficar e serem seus agentes comerciais. Falavam "a língua dos selvagens" e, conta de Léry, horrorizado, "alguns 'intermediários' da Normandia, (...) levando uma vida de 'Ateístas', não se contaminam somente com toda espécie de vagabundagens e porcarias no meio das mulheres e das garotas (...) mas, também, ultrapassando os selvagens em desumanidade, ouvi alguns se gabarem de terem morto e comido prisioneiros".

Léry também utilizou muito o relato destes "intermediários" que, além disto, o iniciaram na vida dos Índios. Sua *História de Uma Viagem* ..., escrita vinte anos após sua volta, não acrescenta nada de novo em relação aos escritos de Thévet; entretanto, apresenta um grande interesse, pois nos informa muito sobre a maneira de pensar da França da época. Seu livro é um ataque frontal aos católicos: Villegagnon, acusado de ter "traído" os protestantes, é responsabilizado pela perda da "França Antártica"; Thévet é acusado, quase em todas as páginas, de mentir, fabular. Léry opõe a isto, o que conta com talento, sua "experiência" de vida no meio de uma tribo de Índios. Ao fazê-lo, aumenta o descrédito, no qual pouco a pouco, caíram os escritos de Thevet que eram, e na época todos sabiam – Montaigne faz alusão a eles no seu famoso livro *Dos Canibais* (1580-1969) – de segunda mão[9]. A *História de Uma Viagem* .... é também, como aliás, o *Dos Canibais* de Montaigne, uma forma de expiar seus próprios medos durante as guerras de Religião, medos que narrou em um livro de 1574. Como todos

---

[9] A publicação das *Singularidades*..., em 1557, teve um grande impacto e transformou os imaginários da época. Os poemas dedicados a Thévet pelos poetas da Plêiade são um testemunho disto. O descrédito veio mais tarde, e Thévet caiu progressivamente no ostracismo. Foi preciso esperar as teses citadas de Métraux, dirigidas por Mauss, para que, enfim, justiça lhe fosse feita. Léry, entretanto, é lido e comentado por numerosos filósofos do Século das "Luzes" à procura de um pai para o "bom selvagem" deles. Lévi-Strauss identificou-se com Léry ("Entrevista sobre Jean de Léry", op. cit.) e parece fazer pouco caso de Thévet.

os protestantes da época, se arriscava a ser assassinado pelos católicos. E reciprocamente. Para comentar seu retorno do Brasil, escreve: "Muitos dentre nós tínhamos ido lá não só com o intuito de servir a Deus, como nós o desejávamos, mas também de aproveitar a bondade e a fertilidade do país, não tínhamos decidido retornar à França, onde as dificuldades eram, na época, e o são ainda hoje, sem comparação, muito maiores, tanto em razão da Religião, quanto pelas coisas desta vida, (...) lamento freqüentemente não ter ficado com os selvagens, nos quais (como mostrei amplamente nesta história) confio mais do que nos do lado de cá, que, para sua condenação, levam o nome de Cristãos." O parentesco entre o pensamento de Thomas Morus e o dele é surpreendente, pois, para justificar sua busca de uma sociedade ideal na Utopia (op. cit.), faz um retrato apocalíptico da sociedade inglesa do seu tempo. A mesma abordagem anima, no século XVIII, os filósofos das "Luzes" e inventores do tão célebre, quanto imaginário, "bom selvagem". Por fim, mais perto de nós, este sonho de uma "sociedade melhor" que mergulhe suas raízes no milenarismo cristão, talvez inspirado na marcha sem fim dos primeiros povos para a "terra sem o mal", da qual a dos Tupis é um exemplo, inspirou os fabricantes de sistemas utópicos, experimentados no século XX com os resultados que conhecemos.

Thévet e Léry, que têm em comum o fato de versarem em seus relatos sob a forma das concepções religiosas do seu tempo, criam, cada um, o seu Brasil. Thévet constrói o seu, a partir essencialmente de relatos de "intermediários" e de marinheiros. O de Léry, alimentado por estes mesmos relatos, corrigidos pelo que ele viu, ou acreditou ter visto, tem como função essencial, vinte anos depois, fazer o contraponto aos horrores e às duras realidades da sociedade francesa de sua época. O caso de Staden ainda é diferente. Não é um homem da Igreja, mas um aventureiro dos tempos modernos – o que também são, cada um a sua maneira, Thévet e Léry – que também é, pelo menos a meu conhecimento, o primeiro e único dos "intermediários" a ter contado, por escrito, sua história, uma experiência extraordinária. Ele também pensa que as concepções religiosas dos índios, que não conhecem o "verdadeiro Deus", são "bobagens"; também versa seu relato, sem nenhuma dúvida muito fantasioso, segundo o modelo das concepções religiosas do tempo; porém, a meu ver, o seu Brasil, tão imaginário quanto os de Thévet e Léry, se diferencia deles em um ponto capital: Staden aprendeu a raciocinar como um "selvagem". Infelizmente, ele não é nada curioso a respeito dos mitos dos Índios, se contentando em "utilizá-los" em suas discurssões com eles, sem tentar, como algumas vezes o fazem Thévet e Léry, compreender a lógica desses mitos.

Após um naufrágio, durante sua segunda viagem, Staden é recolhido por uma tribo de índios aliada dos portugueses. Os índios e os portugueses pediram-lhe que construísse um forte no território da tribo. Ele fica lá por um ano, aproximadamente. Feito prisioneiro por uma tribo inimiga, aliada dos franceses, fica esperando para ser devorado, como é de costume para todos os prisioneiros, vive a vida da tribo durante vários anos. Finalmente, ele não é devorado; em 1554 é resgatado – "comprado" – pelo capitão de um navio francês e desembarca na França em 1555. Ele fala "a língua dos selvagens" e tem na primeira tribo um "escravo", sem dúvida também uma mulher, mas não o diz. É quase certeza de que tenha uma outra (ou várias) na segunda tribo, pois isto faz parte do ritual do sacrifício humano, decretado por sua condição de prisioneiro: "Quando os prisioneiros chegam ao vilarejo, escreve ele, as mulheres e as crianças batem neles (...), depois eles (os índios, M.D.) os colocam sob a guarda de uma mulher, que vive com eles. Se esta mulher ficar grávida, criam a criança; e, quando lhes dá vontade, o matam e o devoram. Eles alimentam muito bem seus prisioneiros[10]."

Staden dá vários exemplos de suas intervenções mágicas na vida da tribo que o mantém prisioneiro. Além do fato de não ser português, não ser portanto um "inimigo" deles e não ser devorado, ele é muito temido por suas previsões. Uma noite, por exemplo, quando os índios lhe perguntaram por que estava olhando a lua, ele respondeu: "Vejo que ela está irritada com vocês", "pois, na minha dor, me parecia que ela me lançava olhares de cólera e achava que era odiado por Deus e pelos homens." Em seguida, esqueceu este episódio. Algum tempo depois, os Índios caíram doentes. Vieram ver Staden e suplicaram que "obtivesse de (seu) Deus a cura deles". Um deles acrescentou "que eu soubera muito bem o que se passava com eles, porque se lembrava de que dissera que a lua olhava o vilarejo deles com cólera. Ao escutar

---

[10] Os relatos de Thévet e de Léry confirmaram este testemunho. O sacrifício do prisioneiro, que se desenrola segundo o mesmo ritual, parece ser a grande cerimônia religiosa da tribo. O prisioneiro branco é extremamente vigiado, pois sempre tenta escapar; porém o Índio, sabendo que "ser devorado pela tribo inimiga" está na ordem das coisas, aceita alegremente seu destino.

isto, pensei que tinha sido Deus que, na outra noite, me inspirara para que falasse da lua e, vendo que o Céu me protegia, a esperança retornou ao meu coração".

Para sintetizar, na linguagem de hoje estas três abordagens antropológicas originais, pode-se dizer que Thévet não controla – mesmo supondo que ele quisesse, teria podido fazê-lo? – o que seus informantes lhe contam. É por isto que seus escritos "exóticos", que alimentaram o imaginário de seus contemporâneos, são um material bruto, tanto quanto insubstituível, onde encontramos de tudo e o seu contrário. Léry controla um pouco melhor o que lhe é contado pelo que ele vê, ou pensa ver, e porque pode apoiar-se nos livros de Thévet, anteriores ao seu[11]. Mas para ele, o importante não é o Brasil: ele escreve – Lestringnant diz que seus escritos " têm um vigor e uma profundidade insolentemente subjetivos" para falar dele e de seu tempo. A este respeito, seu livro é tão único e insubstituível quanto os de Thévet e nos coloca, melhor do que os deste último, no âmago da máquina de pensar do Branco cristão fabricando o europeucentrismo[12]. Por fim, podemos dizer que Staden pratica, por livre escolha, na primeira tribo e, por necessidade, na segunda, um tipo de observação participante. Sem entender nada da vida espiritual dos Índios, que não o interessa e que interpreta segundo seus esquemas cristãos, ele fala partindo de seu interesse. Como Thévet e Léry, ele percebe e admite, por exemplo, que o sacrifício humano é religioso; esta abordagem intelectual, prática da vida cotidiana, o fez escapar de ser devorado. Seu relato é, portanto, sob este terceiro ponto de vista, tão único e insubstituível quanto os de Thévet e Léry.

Em suas diferenças, as experiências destes três aventureiros modernos da observação, os primeiros "turistas sociólogos" do Novo Mundo, são úteis, devem ser conhecidas e lembradas. Seus escritos permitem delinear os contornos, muito imprecisos, de toda abordagem antropológica, etnológica, de um outra sociedade estrangeira,

---

[17] Léry não lê alemão. No final do século, tomara conhecimento do livro de Staden, graças a um resumo que lhe será feito. Staden só será traduzido pela primeira vez em francês, em 1837.

[12] Assim, minha leitura de Léry é diametralmente oposta à de Lévi-Strauss. É também diferente da leitura de Certeau. Este historiador, que entrou na Companhia de Jesus em 1950, faz de Léry (1975), "uma das figuras da modernidade", junto ao qual é sempre bom ter uma "lição de escrita". Certeau se diz também seduzido por sua "palavra erotizada" e pela "literatura de viagens (...) que estava produzindo (...) o selvagem *como corpo de prazer* (as palavras estão sublinhadas no texto original).

como vamos ver agora, situando em relação a eles, as abordagens de Bastide, Verger e *Iá* em suas pesquisas no Brasil. Acrescento a estas, a abordagem de Leiris e Métraux que eram, sobretudo este último, amigos de Verger e que estudaram muito o que chamavam de "fenômenos de possessão"; Leiris na Etiópia (1958) e Métraux no Haiti (1957).

De Bastide a *Iá*

Gisèle viveu os últimos momentos da colonização francesa na África. Quando ela chegou lá, em 1949, deseja fugir de uma vida enfadonha e exclama "a vida está começando". É com seus ideais de "resistente" contra os nazistas, que ela quer: "Trazer o ensino, não para explorar os negros, mas, muito pelo contrário, para que eles não sejam mais explorados." Quando deixa a África em 1956, sabe que este projeto fracassou e começa a entender por quê: "Eu não entendo estas pessoas que fazem tudo diferente de mim. O que há, na cabeça dos africanos? Pode-se dizer que esta questão é o ponto de partida de minha epopéia." É a revanche dos filhos de Cam, que há muitos séculos, não são mais o que se diz que são, escravos. Sem saber, ela está seguindo os mesmos passos de outros franceses que antes, ou ao mesmo tempo que ela, fizeram esta descoberta. O primeiro foi Leiris, cujo livro *A África Fantasma* (1934), um relato nada ortodoxo de uma viagem etnográfica na África (1931-1933), fez escândalo quando foi publicado; Pierre *Fatumbi* Verger, em seguida, que coloca em sua introdução às *Notas Sobre o Culto dos Orixás...* (1957): "É preciso, ao abordar o estudo destas religiões, fazer abstrações de alguns postulados: bem e mal, que correspondem exatamente à nossa noção de bem e mal, pecado original, divina providência, e substituí-las pela noção de eficácia, força, de luta pela existência onde tudo deve ser ganho, merecido, conquistado; existe também a noção de que as forças da natureza podem ser acalmadas quando se fazem associações, correspondências, afinidades e ligações entre certos elementos que nos são pouco familiares e não nos parecem nada lógicos." Citarei também, sem ser exaustivo, *Deus da Água. Entrevistas com Ogotemmêli* (Griaule, 1948, 1966), com o qual Bastide (1958) reconheceu ter uma dívida (cf. infra).

De todos os que escreveram sobre o *Candomblé*, nos anos 1940-70, Bastide é, sem dúvida, o que mais fez para o reconhecimento e o conhecimento desta religião, na qual se sente como o "menininho branco" das *ialorixás* que tinham "compreendido meu desejo de alimento cultural novo" (1973,1). Nos últimos anos de sua vida, falou várias vezes do que chamava seu "itinerário espiritual"[13].

O "menininho branco" das *ialorixás*

Tendo nascido numa família protestante calvinista da região das Cévennes, no centro-sul da França – esta região foi o foco de revoltas religiosas e campesinas após a revogação do Edito de Nantes, (cf. supra) – "agrégé[14]" de Filosofia em 1922, Bastide consagrou-se muito cedo ao estudo do misticismo. Quando viajou para o Brasil, em 1938, "era para estudar os fenômenos de possessão, de transes místicas nas confrarias religiosas que chamamos de afro-brasileiras"(1970).

Em 1939, apoiando-se na experiência da Escola de Sociologia da Romênia e em seu método monográfico pluridisciplinar, que começava a ser conhecido apenas na França, ele apresenta aos leitores do Estado de São Paulo suas reflexões sobre a prática da sociologia. Eu relevo dois pontos essenciais. Para evitar as armadilhas nas quais todo observador da sociedade humana pode cair, o que acabamos de ver com Thévet, Léry e Staden, ele coloca: "Para sermos bons observadores, devemos, portanto, libertarmo-nos dos preconceitos e das posições categóricas. Uma técnica se impõe (...). Não devemos nos precipitar e acreditar que já vimos e compreendemos tudo, no primeiro contato. De início, a observação deve ser dupla. É preciso observar os gestos, as atitudes sociais, fazer um tipo de sociologia do comportamento (...), é preciso, ao mesmo tempo, compreender os motivos que determinam estes gestos, conhecer as interpretações que os homens fazem deles e construir assim uma espécie de sociologia subjetiva das representações coletivas." Mas isto é somente um preâmbulo, que não resolve a questão da observação participante, colocada com o caso de Staden, que encontramos com Bastide (cf. infra). Ele mantém também

---

[13] Estou me apoiando principalmente no "O Método Monográfico Romeno e nas Pesquisas Sociológicas no Brasil"(1939); "A Etno-História do Negro Brasileiro"(1971); "Conferência Sobre os Fenômenos da Participação"(1970). Todos estes artigos foram publicados de novo nas Bastidianas, Paris, n° 2, 2° trimestre de 1993. Também me apóio em "Estudos Afro-Brasileiros"(1973,1), Bastidiana, Paris, n° 12, outubro-dezembro de 1995 e "O Sagrado Selvagem" (1973, 2), *O Sagrado Selvagem e Outros Ensaios*, Paris, Payot, 1975. Estes artigos são citados no texto na data da primeira publicação deles.

[14] *A Agrégation*, obtida através de um concurso, é uma particularidade do sistema universitário francês. Ela designa a "elite" da "elite" e prepara para as "grandes carreiras" universitárias, como o pai de Gisèle, ou Jean B., seu marido, para a diplomacia e para a política etc.

em sua ação, como o quer a Escola de Sociologia Romena, sua vontade deliberada de não "efetuar uma simples pesquisa teórica; esta tem igualmente finalidades práticas e educativas ". Ele elogia "o caráter massivo da propaganda cultural" que acompanha toda pesquisa monográfica: "O vilarejo não voltará mais ao seu estado anterior; terá tendência para alcançar um nível de vida mais elevado"[15].

No início de sua pesquisa sobre o Candomblé, Bastide afirma ter vivido "uma crise de consciência". Como falou dela? Conseguiu resolvê-la?

A "conversão"

"Eu abordava o mundo do Candomblé com uma mentalidade elaborada durante três séculos de cartesianismo (...) Percebi muito rapidamente (...) que abordava o Candomblé com uma mentalidade etnocêntrica (...). As antigas descrições que temos das religiões arcaicas são distorcidas pelo jogo inconsciente do postulado evolucionista, que prega que a humanidade passa das formas inferiores às formas superiores de pensamento" (1973, 1). Então, "compreendi que, para ... compreender esta religião afro-americana, era preciso que me *convertesse*, de certa forma. É mais do que uma observação participante! Na observação participante, participamos da vida das pessoas, mas sem tentar mudar sua personalidade. Era preciso que tentasse *converter-me* à mentalidade afro-brasileira". Ele decide, assim, "entrar, fazer parte – neste caso é uma observação participante – de um dos Candomblés"(1970). "Que não se tenha nenhuma dúvida sobre a palavra "*conversão*", esclarece Bastide (1973,1), não se trata de defender a existência de um pensamento pré-lógico e de negar a unidade ou a identidade das estruturas mentais (...). Portanto, sabia que, na hora de entrar no *Templo*, deveria deixar-me penetrar por uma estrutura que não era a minha. A pesquisa científica exigia de minha parte a passagem prévia pelo ritual de iniciação" (as palavras sublinhadas o

---

[15] Esta Escola foi destruída pelos comunistas quando, em 1947, tomaram o poder. Seu fundador, Gusti, que fora aluno de um dos grandes sociólogos alemães deste século, ficou muitos anos na prisão. Se devemos lamentar que a vontade de fazer uma sociologia com "finalidade prática e educativa" esteja hoje perdida, o quadro idílico que Bastide apresenta dela, levado pelo seu ímpeto utópico, hoje deve ser remanejado profundamente (Dion, a ser publicado).

foram por mim, M.D). Ele vai realizar então a primeira "das três etapas", a "lavagem da conta" (1970)[16].

O que podemos chamar de sua confissão, nos coloca uma questão: por que Bastide formula um problema científico, que todo observador externo encontra quando deseja entrar para um grupo fechado, religioso ou não, para estudá-lo, numa linguagem religiosa? Se ele questiona "sua mentalidade elaborada durante três séculos de cartesianismo (...) sua mentalidade etnocêntrica", ele nunca fala de sua maneira cristã de pensar o mundo, que estrutura igualmente seu espaço mental. Isto é evidente, em 1945 (cf. supra, introdução), quando compara os misticismos africano, cristão e muçulmano. Ele foi o primeiro a pensar com a ajuda de uma categoria, a alma, emprestada do cristianismo, mas que não tem, literalmente, nenhum sentido no pensamento africano (cf. supra, a concepção da pessoa africana resumida nos textos de Gisèle *Omindarewa* e, infra, *Anexo Sobre a simbologia do* Candomblé: "o outro misticismo (africano M.D) consiste em fazer descer Deus, ou o Espírito, através de rituais apropriados para que ele tome posse, por um momento, da alma de seu adepto".

Limitei-me aos artigos que selecionei (nota 13), mas outros exemplos poderiam ainda ser citados. Para resumir e sintetizar o que Bastide chama de "participação", ele escreve: "Tentei, cada vez que vou em algum lugar, participar da paisagem. Tento casar-me – no sentido do casamento cristão, do casamento espiritual –, tento casar-me com os objetos. Tento, portanto, estabelecer a participação pela práxis, que será uma práxis do casamento" (1970). Ao término de uma análise do que ele chama "o selvagem sagrado" e dos transes, também "selvagens" que ele opõe ao sagrado e aos transes "domesticados" do Candomblé, sua última referência que encerra o debate, "é a Bíblia (que) nos propõe toda uma série de ilustrações impressionantes destas metamorfoses do sagrado selvagem em sagrado domesticado (...). O encontro de Moisés com Deus, no Monte Sinai (...) se prolonga no fato de ter trazido a Lei ao povo de Israel (...) e me faz ver nestas experiências do sagrado selvagem (...) a vontade de retomar o gesto de Moisés quando toca o solo com seu cajado – mesmo se os

---

[16] A "segunda etapa" é o *bori*. Não o "fiz simplesmente porque deixei o Brasil e porque entre a lavagem do colar e o *bori* devem se passar sete anos", mas acrescenta: "Se voltar ao Brasil, vou portanto fazer o *bori*. A 'terceira etapa' é a iniciação propriamente dita." Ele especifica: "Quando fazemos a lavagem da conta, entramos no Candomblé. Somos membros, fazemos parte dele. Mas somos, por assim dizer, um membro periférico."

psicanalistas só querem vê-lo como um símbolo fálico –, o solo seco para fazer jorrar dele a água que vai fazer reflorescer os desertos" (1973,2).

Sua confissão nos leva a fazer um exame de sua abordagem científica e dos principais resultados de sua pesquisa. Teria ele atingido o objetivo a que se propusera em 1945: "(decifrar) a filosofia do *Candomblé*"?

O sincretismo

Este é o tema central de sua obra. "Minha primeira pesquisa (1973,1), diz ele, era sobre o sincretismo: como se podiam identificar os *orixás* ioruba aos santos do catolicismo?" Esta pergunta está no centro de todas as suas pesquisas sobre o Candomblé, mas a forma como ele a trata, que condiciona sua maneira, "cartesiana", de colocar o problema, não o satisfaz. Daí o que ele chama de sua "crise de consciência" e sua rejeição, pensa ele, de todo etnocêntrismo. Em sua confissão, ele não exclui a contradição que afronta, nem suas incertezas: ao "(passar) pelo ritual da iniciação" para "entrar no *templo*", estaria praticando uma observação participante "livre de qualquer opinião pré-concebida"? Isto é, ainda estaria fazendo uma pesquisa sociológica? Ele responde que sim e pensa que esta "(entrada) no *templo*" lhe abre "o caminho para o método que segui desde então – o de repensar o Candomblé – não só em seus aspectos africanos, mas, também, no seu sincretismo, partindo de seu interior e não do exterior dele, mesmo se isto me obriga a mudar radicalmente minhas categorias lógicas" (1973,1).

É evidente que esta forma de "repensar" o Candomblé constitui um avanço em seu estudo, idêntica ao que fizera Griaule, na mesma época, sobre as religiões africanas (op. cit.)[17], porém é preciso mostrar os limites da análise de Bastide que explicam por que, ao final, ele não atingiu o objetivo que anunciara em 1945.

Aprisionando sua pesquisa na noção confusa de "sincretismo" – mas teria sido possível fazer de outra maneira naquela época? – ele se

---

[17] "Gostaria de ressaltar a respeito, diz também Bastide (art.cit), que naquela época não tivera oportunidade de ler os primeiros livros de Griaule (circunstâncias ligadas à Segunda Guerra Mundial impediram que fossem enviados ao Brasil), que chegava, quase na mesma época que eu, a conclusões similares sobre a religião dos Dogons, que engloba uma filosofia tão rica e variada quanto a de Platão ou a de Aristóteles."

condena, como observa sutilmente Métraux no seu resumo das *Religiões Africanas no Brasil ...* (op. cit.), a não considerar todo o peso do "traumatismo da escravidão"[18]. A campanha sistemática de erradicar as crenças religiosas africanas, feita pela igreja católica (cf. infra), está, com a retirada dos negros da terra de seus ancestrais, no âmago deste traumatismo. O que é extraordinário não é o que Bastide chama de "(a identificação dos) *orixás* iorubá com os santos do catolicismo", mas sua resistência (Métraux) a esta furiosa campanha dos católicos de assimilação através do "sincretismo"[19]. A identificação só foi portanto, uma forma, um momento desta resistência, que é a base, e a única, da recriação, da reinvenção das religiões africanas no Brasil[20]. A concepção do sincretismo de Bastide é, não somente incapaz de explicar este traumatismo, como também o anula, como se nunca tivesse existido: "Os traços culturais que se sincretizam, têm, também, cada um, seus significados e não são estes significados que procurávamos quando falávamos de valorização, de preconceitos, de ressentimento, de depuração. O sincretismo não pode ser definido pela simples adição ou pela confusão das civilizações em contato, é uma atividade dos homens reunidos em grupos divergentes ou solidários. Ele traduz, em dogmas ou rituais, o movimento mesmo das estruturas sociais que se desfazem ou se refazem. As civilizações podem se encontrar sem se interpenetrarem; quando elas se interpenetram, isto não se faz por acaso..."

A combinação dessa teoria com a concepção evolucionista do desenvolvimento das sociedades humanas, que, no entanto, ele disse ter abandonado desde o início de sua pesquisa (cf.supra), o levou a prever que o Candomblé desapareceria e seria substituído pelo espiritismo da *Umbanda* (*As Religiões Africanas no Brasil* ..., op. cit.). O que considera como uma demonstração, pode ser resumido assim: "Num primeiro momento", a urbanização "destrói a comunidade dos Ne-

---

[18] Este resumo foi publicado nas *Bastidianas*, nº 12, outubro-dezembro 1995.

[19] A etimologia desta palavra é confusa e controvertida. O termo é "sempre tomado em um sentido pejorativo: reunião factícia de idéias ou teses de origens dispersas, que não são compatíveis, pois não são claramente concebidas" (Lalande,1956). Ela passou para o vocabulário teológico no século VI e foi utilizada sempre com um sentido pejorativo, para designar "a fusão de duas ou mais religiões, de dois ou mais cultos em uma só formação religiosa ou cultural. Mas o termo é incapaz de definir fenômenos religiosos do ponto de vista da verdadeira pesquisa histórica" (Sabbatucci, 1995).

[20] As campanhas análogas das Igrejas protestantes, nos Estados Unidos, foram mais eficazes. Os *orixás* não puderam resistir. Lá, o que sobrou da África foram seus ritmos que deram origem ao Jazz, depois ao rock.

gros", mas também se cria, "num segundo momento", uma "nova reorganização dos laços sociais sob a forma de solidariedade da classe". O "primeiro momento" se caracteriza pela "passagem dos agrupamentos fechados", como o Candomblé, a novos agrupamentos, como a *macumba*, freqüentemente assimilada à magia negra. A *macumba*, "expressão do que se tornam as religiões africanas no período da perda dos valores tradicionais (...), leva ao parasitismo social, à exploração desavergonhada da credulidade das classes sociais baixas, ou ao relaxamento das tendências imorais, ao estupro, muitas vezes até ao assassinato". Em resumo, a *macumba* é um "reflexo" da "atomização das relações interpessoais".

A Umbanda, "pelo contrário, é o reflexo do momento de reorganização, sobre bases novas, de acordo com os novos sentimentos dos Negros proletarizados, de tudo o que a *macumba* deixara ainda subsistir da África nativa". Característica do "segundo momento da urbanização, na opinião até mesmo dos *umbandistas*", esta "nova religião" nasce da "industrialização (que) cimentava a solidariedade proletária". Levado no meio deste turbilhão, "o Negro sentia que sua inserção no proletariado constituía para ele (...) uma primeira promoção social", mas era freada pelas "forças oriundas do passado escravagista" simbolizadas pela macumba. Bastide fala também destes "sentimentos (...) de uma classe social que desejava estar solidária na luta e que, no entanto, não consegue desvencilhar-se dos preconceitos herdados da escravidão, que se exprime ao mesmo tempo nos jornais dos Negros, em suas organizações políticas ou sociais e na Umbanda"[21].

Na conclusão de sua tese (Contribuição ..., op.cit.) intitulada "O Futuro", Gisèle opõe suas próprias observações a esta teoria. Com diplomacia, obrigatória neste tipo de exercício universitário, ela mostra a iniciação ao Candomblé das pessoas da Umbanda e continua dizendo: "Há dez anos (isto é, em 1960, ano da publicação do livro de Bastide, M.D.) assistimos, até mesmo na Gomea, a um fenômeno ainda mais surpreendente. Não são mais somente antigos adeptos da macumba ou da Umbanda que vêm à Gomea, mas verdadeiras *ialorixás* que possuem terreiros organizados e prósperos. Elas aceitam ocupar, após sua iniciação, posições submissas (...). Na medida em que (...) aprofundam

---

[21] Não tenho que fazer, aqui, a crítica do marxismo-freudiano de Bastide, do qual seus escritos sobre a *Umbanda* são um exemplo. Esta crítica foi entabulada por Métraux (art.cit.), mas, a meu ver, nunca foi retomada.

seus conhecimentos, vão introduzir nos seus terreiros os cânticos, ritmos e técnicas rituais (...) que aprenderam no Candomblé". Citando então "o Senhor Bastide (que) mostrou (que) a Umbanda ainda não tem doutrina homogênea, nem crenças definidas. Neste vasto caos, onde as mais diversas tendências se afrontam, a parte da África desaparece", ela acrescenta: "Impelidas pelo desejo de se valorizar, as pessoas de cor tentam eliminar tudo o que poderia parecer primitivo ou bárbaro, e então os rituais tradicionais se suavizam (...). Neste esforço para identificar-se ao Branco, o Negro, e sobretudo o Mulato, espera uma ascensão na escala social. Apesar de tudo, desejando integrar-se, ele sente confusamente que está se renegando, renegando sua raça, seu passado e não aceita, de forma alguma, a traição. Consciente da fragilidade de uma religião que ainda está no seu limbo, ele se inquieta e aspira aceder a valores mais seguros. Na busca de uma pureza mais profunda, de uma autenticidade mais absoluta, ele se volta para a África. Essa busca é antiga. Desde a abolição do tráfico negreiro entre a África e o Brasil, os Negros livres – ela cita alguns casos conhecidos que pertencem à história do Candomblé – se esforçam para manter os laços que os unem à pátria-mãe." Desde que escreveu estas páginas (1970) até hoje, a Umbanda progrediu e sem dúvida consegue agora definir melhor suas crenças, mas o Candomblé não desapareceu. A macumba também não (Luz e Lapassade, 1972).

Numa conferência em 1971, Bastide faz alusão a ela: "Ora, se num primeiro momento, o que estudei nas minhas *Religiões Africanas no Brasil*, este espiritismo, ligado à formação de uma classe proletária multirracial, se separa da religião africana ortodoxa, aproximando-se do espiritismo branco de Allan Kardec, assistimos a um movimento contrário, a reafricanização deste espiritismo, onde muitos donos de centros de Umbanda são iniciados nos Candomblés." Não podendo explicar esta evolução que contradiz TODAS as suas análises anteriores, ele se refugia numa comparação, pelo menos duvidosa, com os EUA, onde fez uma conferência intitulada "Etnohistória do Negro Brasileiro": "Passamos, com esta reafricanização, de uma religião que rompera, inicialmente, com a ortodoxia dos Candomblés (1960-1970), a uma situação análoga à do triunfo dos Muçulmanos Negros nos Estados Unidos, religião falsamente africana, mas que se diz de expressão africana, e se inventa um novo Corão"(1971).

As pesquisas de Bastide marcam profundamente a história do Candomblé. Graças a elas e contradizendo-as, essa religião foi reconhecida e pôde instalar, em bases mais sólidas, seu trabalho de reapropriação, de reelaboração da África. Outros pesquisadores, sobretudo brasileiros e americanos, contribuíram igualmente para isto, mas a influência deles é sem dúvida menor. Bastide também explorou, assumiu todo os riscos – em 1970, confessou a um de seus estudantes: "nós, pobres intelectuais, fazemos sempre teorias a partir de nossas experiências!" – e abriu novos caminhos para a pesquisa, que, hoje, centenas de pesquisadores seguem. E, como ele, temos nossos limites. A análise de sua grandiosa derrota final, ainda deve ser feita. Porém lamentamos que ele não tenha ido até o final de uma intuição do especialista em história da arte, Elie Faure, que cita na conclusão de suas *Imagens* (op. cit.): "Elie Faure distingue três grandes formas de arte, a arte negra, cujo ritmo segue o do universo, a arte européia, que substitui a expressão lírica do cosmos pela sua explicação em termos de razão e, enfim, a arte asiática, metafísica e simbólica, entre o lirismo e a ciência. Efetivamente, o que caracteriza a civilização africana é a importância primordial do ritmo (...). Esse ritmo estético reflete o duplo ritmo da natureza e da sociedade..."

Por que Bastide não efetuou a "revolução" do pensamento que pressentimos nesta página de 1945 ? Escrita contra a maioria das idéias de seu tempo, ela rompe com a maneira de pensar clássica do Branco. Para termos uma medida exata do que isto representava na época, cito um texto do marxista-freudiano Adorno, escrito dez anos depois do dele, e consagrado também ao ritmo na "arte negra". O texto intitula-se: "Moda Atemporal". A respeito do jazz (1955-1986): "O jazz é uma música que associa a mais elementar forma da estrutura melódica, harmônica, métrica e formal a um desenrolar da música que é composta essencialmente de síncopes que poderíamos chamar de perturbadoras (...), se não podemos duvidar de elementos africanos do jazz, também é certo que tudo o que ele tem de rebelde foi, desde a origem, integrado a um esquema rigoroso, onde o gesto da rebelião ia, e ainda vai, junto com uma tendência para obedecer cegamente; assim, a psicanálise ensina que o caráter sadomasoquista se rebela contra a figura paterna ao mesmo tempo em que o admira secretamente, procurando igualar-se a ele e submetendo-se prazerosamente à subordinação detestada. É essa tendência que favorece a standardização, a exploração comercial e a esclerose do gênero (...). É possível que os *Negro Spirituals*, música de escravos que deu origem ao *blues*, já choravam a ausência de liberdade ao mesmo tempo em que aceitam este estado de coisas servilmente (...). É no campo preciso do ritmo que o jazz não tem muita coisa para oferecer. No jazz tudo o que surpreende já tinha sido produzido pela música clássica, desde Brahms, sem que ela parasse aí (...). Como toda a indústria cultural, o jazz não realiza os desejos senão para frustrá-lo logo depois." Depois disto, não podemos nos surpreender que Adorno não tenha o mesmo enfoque que Léry, discursando sobre as "bruxas" brasileiras ou as "do lado de cá", quando fala das fãs ? Segundo ele, estas "garotas" se exercitaram para cair em uma síncope ao escutar a voz de um *crooner*, de um cantor de jazz (...), elas se chamam *jitterbugs*, insetos que fazem movimentos reflexos, sendo as atrizes de seu próprio êxtase...

Verger e Métraux, *jockeys*[22] Brancos da África dos escravos

Verger e Métraux nasceram com cinco horas de intervalo, na mesma noite de 4 a 5 de novembro de 1902, o primeiro em Paris, o segundo em Lausanne (Suíça) e percorreram, bem como o amigo comum Leiris, os mares, os ares, as terras, seguindo a pegada dos Negros deportados. Porém, pagando o preço a muitas rupturas! Leiris perturbou os textos da antologia literária; Verger e Métraux falaram de suas rupturas de forma esparsa, Verger, com humor e distanciamento, em entrevistas com jornalistas, nas suas cartas para Métraux e, este último, mais angustiado, torturado e secreto, em suas cartas para Verger, seus *Itinerários 1* (1978). Se o percurso da ruptura de Verger com a família burguesa é relativamente clássico – é também o caso de Leiris – o de Métraux, que foi sempre e em todos os lugares, um "imigrado", é bem menos habitual.

Seu pai, médico, vive na Argentina e sua mãe, Judia emigrada da Geórgia, na Suíça, onde vive e vai à escola. No começo dos anos 1920, ele estuda na Escola de Chartres, em Paris; paralelamente, faz cursos na Escola Prática de Altos Estudos sobre as religiões da América pré-colombiana. Em 1922, fica oito meses na América do Sul para estudar as crenças de um grupo étnico. Após suas teses já citadas sobre os Índios do Brasil (1928), ele vai para a Argentina, onde funda e dirige, até 1934, um Instituto de Etnologia na Universidade de Tucuman. Faz também pesquisas de campo com os índios da Argenti-

---

[22] O título deste parágrafo é inspirado pelo título do livro *"O Pé no Estribo"* (1994) onde foi publicada a correspondência deles, entre 1946 e 1963, o ano do suicídio de Métraux.

na, da Bolívia e, depois, volta a Paris, ao Museu de Etnografia do Trocadéro, Museu do Homem de hoje, para participar de uma "expedição" franco-belga na ilha de Páscoa, da qual ouvira falar quando tinha dez anos de idade. Foi lá que tentou suicidar-se, pela 1ª vez. Em 1935, o Museu de Etnografia consagra uma exposição à sua "Expedição", mas ele parte desta vez para Honolulu (Hawai). Fica lá durante dois anos e trabalha no Bishop Museum. Depois, foi professor visitante na Universidade de Berkeley, em seguida em Yale, nos EUA. Em 1941, adquire a nacionalidade americana e trabalha durante quatro anos na Smithoniam Institution, o Bureau de Etnologia americana. De 1946 até sua morte, ele é funcionário da UNESCO, encarregado das questões científicas no Departamento de Assuntos Sociais; em 1950, veio ocupar um cargo em Paris. E sempre viaja, sobretudo para o Haiti, onde descobre o *Vodu*, pela primeira vez, em 1941. O livro que escreveu sobre o assunto é famoso (1957).

Verger e Métraux se encontraram pela primeira vez em 1935, durante a preparação da exposição sobre a Ilha da Páscoa. Verger, que começa a procurar seu "caminho fora do itinerário traçado por sua família", fotógrafo amador do Museu, faz as ampliações das fotos feitas por Métraux. É o início de uma amizade intelectual que nunca acabou, como testemunha a correspondência deles, até a morte de Métraux. No dia 12 de abril de 1953, por exemplo, Verger escreve a Métraux: "Eu encontrei sua carta na volta de kétou, onde tinha ido como Verger e, voltei como *Fatumbi*, o que significa *Ifá* me colocou no mundo'. Isto é muito vantajoso, pois se no meu comportamento tenho algo de infantil, é bem natural, e também, quando o senhor tiver 70 anos, eu só terei 20. Tendo rompido assim os últimos laços que ainda me ligavam à minha família, não terei mais nenhuma restrição mental a ser feita se, mais tarde, chegar até a mentir para um profano e lhe declarar: 'Se isso não é verdade, não me chamo mais Pierre Verger!!!'" Ele assina Fatumbi e acrescenta em P.S. "Porém, pode escrever para o falecido Pierre Verger." Dois dias mais tarde, escreve para Leiris também: "Eu, agora, sou quase totalmente um Nagô: acabei de participar, em Ketu, de uma cerimônia, onde o meu signo de *Ifá* (meu destino) foi procurado e, minha aceitação autorizada como aprendiz de mago. Perdi aí até o meu antigo nome (o que, para alguém que menospreza sua família, há um quarto de século, é bem prazeroso). Entrei na floresta dos meus mestres *babalaôs* Pierre Verger e saí usando o nome de *Fatumbi* (*Ifá* me fez renascer)." Ele assina "*Fatumbi* (falecido Pierre Verger)".

No dia 7 de dezembro de 1957, Métraux envia uma carta desesperada para Verger, na qual evoca o fato de Leiris ter também tentado, sem êxito, o suicídio[23]. "Tenho a impressão de penetrar noite adentro e não lhe escondo o fato de estar profundamente infeliz. Cada vez mais acho que é você quem tem razão. O verdadeiro sábio, o modelo que deveríamos ter seguido, é o *babalaô* Pierre Verger (...). Que posso fazer para retomar o gosto pela vida? *Oxum* me decepcionou cruelmente. Qual foi a regra que infringi para que *Oxum* me puna tão severamente? *Babalaô*, jogue os búzios e diga-me... O livro sobre o Haiti foi publicado. É esplêndido. Envio-lhe um exemplar. O outro lhe espera, na Bahia." Leiris, que publica ele mesmo, no ano seguinte, um livro sobre a possessão entre os Etíopes de Gondar, vai escrever o prefácio do livro de Métraux, O *Vodu do Haiti*.

Métraux e Leiris encontram-se, segundo o último (1969), pela primeira vez, em 1934: "Ele estava voltando de uma longa estada na América do Sul e eu acabara de fazer minha primeira viagem à África Negra." (que ele descreve no livro *A África Fantasma*, op. cit.). Falando sobre as inúmeras discussões que tiveram, sobretudo durante a viagem que fizeram juntos ao Haiti, em 1948, Leiris diz que elas "ajudaram muito aos dois a poder ter uma opinião clara sobre o tema, que foi científica e humanitariamente, uma de suas preocupações comuns: os cultos à base de possessão, como o Zâr, da Etiópia, e o Vodu do Haiti, que nos ofereceram, respectivamente, dois belos exemplos" (op. cit.).

Após seu trabalho como voluntário no Museu de Etnografia do Trocadéro e de seu encontro com Métraux, Verger tornou-se um fotógrafo que se interessa pela etnografia. Ele conhece, na mesma época, Leiris, que deseja ver suas fotos sobre touradas e lhe dá conselhos para a sua próxima viagem ao Daomé. Todos eles freqüentam um baile em Paris, chamado "O Baile Negro". Verger continua percorrendo o mundo antes de se fixar definitivamente, em 1946, na Bahia. Muitas vezes contou as circunstâncias disto: vindo da Bolívia, ele pára em São Paulo, onde encontra Bastide. "Ele me falou com muito entusiasmo de sua recente viagem até a Bahia (cf. supra) e me deu alguns nomes de pessoas a quem deveria dar lembranças, de sua parte. Foi o primeiro a me informar sobre a importância da influência africana na Bahia da qual já havia tido algumas noções pela leitura da tradução em francês (1939) do romance de Jorge Amado *Jubiabá* (1935)." Métraux, a quem ele

---

[23] "Leiris (...) escreve um livro sobre as causas e os efeitos de seu suicídio. Espera, assim, poder recuperar as despesas médicas" (o livro será *A Regra do Jogo III. Fibrilles*, 1966). Leiris ficou três dias e meio em coma e duas semanas em repouso no hospital.

informara sobre este encontro, lhe escreve: "Li, há pouco, alguns ensaios sobre o *Vodu* da Bahia. O interesse parece prodigioso. Os rituais são tão complexos quanto os do Haiti. *Você tem um excelente material, quase virgem. Como lhe invejo*". (as palavras estão sublinhadas no texto original, M.D.).

Omindarewa

Para Verger, a continuação é conhecida e sabemos o que ele fez deste "excelente material, quase virgem". Primeiro, ele ajudou muito Bastide: "Não pude ver, por não ter o direito, escreve Bastide, toda uma série de coisas que, como etnólogo, gostaria de ter visto para descrevê-las. Felizmente, estava com meu amigo Verger que fez o *bori*, que é *babalaô* e conhece bem as regras de participação. Ele me contava, depois, tudo o que se passara"(1970). Depois, quando Verger começou a escrever, seus livros foram os primeiros a falar do Candomblé de seu interior.

Com intenso desejo de penetrar de verdade no mundo africano, tem formação etnológica ou socióloga acadêmica, Gisèle Omindarewa é iniciada em dezembro de 1960. É depois desse mergulho que ela começa a refletir, analisar, tentar juntar as peças dispersas do imenso quebra-cabeça que formam os elementos do mundo afro-brasileiro que ela conseguiu abranger. A partir desse momento, ela vai descobrir o caminho espiritual idêntico ao percorrido por Métraux, Leiris, Bastide, Verger e Rouget[24]. É preciso também acrescentar que alguns destes homens, sobretudo Métraux e Leiris, participaram, seja direta ou indiretamente, do movimento multiforme de (re) questionamento de uma certa forma de pensar dos franceses, no período entre as duas guerras mundiais. Seria muito fácil mostrar, mas isto não é o propósito deste livro, que um dos objetivos deste movimento é toda uma série de interrogações sobre as concepções, criadas e fixadas no século XVI[25], a respeito do denominado "homem primitivo", "selva-

---

[24] Rouget cita, muitas vezes, a tese de Gisèle *Omindarewa* para ilustrar suas teorias *sobre as ligações entre música e transe*.

[25] Como Breton, por exemplo: "... enquanto, em mim, o mito esplêndido desvenda, pouco a pouco, as curvas de seu significado, de início tão complexo, em diversos níveis. Como ele me parece, sob este aspecto, mais rico, mais ambicioso e também mais propício ao espírito do que o mito cristão ! É lamentável observar que, sob a influência deste último, as mais elevadas interpretações, que presidiam as antigas crenças, foram, cada vez mais, reprimidas. Estas crenças foram sistematicamente reduzidas a uma interpretação *literal* de seu conteúdo..." (*Arcano*, 17, 1947;1971).

gem", "bárbaro" etc., e de seus mitos. As breves observações que seguem só têm o intuito de recriar um pouco a atmosfera da época.

Métraux também foi amigo de Bataille, seu antigo contemporâneo da Escola de Chartes. Na introdução de seu livro *O Erotismo* (1957), dedicado a Leiris, no qual ele agradece ao "admirável fotógrafo Pierre Verger", Bataille escreve: "Ainda não citei o nome de meu mais velho amigo, Alfred Métraux (...). Ele não só me introduziu, logo após a Primeira Guerra Mundial, no campo da antropologia, da história das religiões, mas, também, com sua autoridade incontestável, me fez sentir seguro – solidamente – quando falei da problemática decisiva da interdição e da transgressão." Por sua vez, Leiris participou ativamente, nos anos 1920, do movimento surrealista. Em 1938, ele é o cofundador, com Bataille, do Colégio de Sociologia; também participou desta criação um outro aristocrata aventureiro do pensamento francês da época, Caillois, que publicou em 1939 um livro intitulado *O Homem e o Sagrado*. Este Colégio queria promover "um trabalho crítico", em ruptura com a sociologia acadêmica, sobre os homens em sociedade. Por fim, a amizade de Leiris com os pintores, sobretudo com Picasso, foi uma constante em sua vida; todos conhecemos a importância da arte africana para Picasso, que a descobriu no início do século XX, ao mesmo tempo que, com Braque, ele inventou o cubismo.

Métraux e Leiris estão dentre os primeiros pesquisadores que estudaram sistematicamente o que chamavam de os "fenômenos de possessão"; porém não é rebaixá-los, nem fazer injustiça à memória deles, dizer que, não mais que Bastide, eles não conseguiram fazê-lo. A análise desta derrota, que nos coloca no centro das aporias da maneira de pensar do Branco herdeiro do Cristianismo e das Luzes, confrontado com os transes, ainda deve ser feita. Só ela, esboçada infra, ajudaria a compreender melhor as rupturas decisivas de *Fatumbi*, de *Omindarewa* com a maneira de pensar de "todos estes especialistas" (que diz *Omindarewa*, cf. supra) "partem todos do a priori seguinte: 'as pessoas que entram em transe são doentes' ".

Na homenagem feita à sua memória (cf. infra), Leiris cita a dedicatória de Métraux para o seu exemplar do *Vaudou de Haiti:* "Para Michel, em lembrança de nossas crenças, essas diabruras inocentes que nos consolam." Depois, ele comenta: "Estas 'diabruras inocentes', que acreditávamos ser assim pela simples razão de que não acreditávamos nelas (...), para os ocidentais meio bloqueados que ainda éramos, eram também uma visão reconfortante, com essas cerimônias admiravelmente orquestradas, mas onde a embriaguez mitológica do transe ocupa um lugar de destaque (...).É claro que, com estas palavras ('diabruras inocentes'), revela-se um lamento, qualquer coisa parecida com uma nostalgia do que Beaudelaire chama de 'o verde paraíso dos amores infantis'. Se, diante destes cultos à base de possessão, o racionalismo proíbe qualquer outra atividade diferente da incredulidade, o que é uma pena, não seria melhor, mais ingênuo, penetrar diretamente nestas deliciosas maravilhas? Diabruras 'que nos consolam'. Por falta de um sistema graças ao qual poderíamos viver uma mitologia, não seria um pouco consolador saber que, em outras latitudes, há homens bastante acolhedores – como são os homens do *Vaudou de Haiti* – para admitir que possamos participar de seus rituais, onde a beleza do espetáculo solene ou belo, constitui uma compensação (para nós, claro, só no nível do jogo) para tudo o que nossa vida cotidiana tem de sufocante?"

Essa dedicatória não é todo o livro, do qual Leiris não diz nada. Métraux define o *vodu* como "um conjunto de crenças e de rituais de origem africana que, intimamente misturados com práticas católicas, constituem a religião da maioria dos campesinos e do proletariado urbano da República negra do Haiti. Seus seguidores pedem o que os homens sempre esperaram da religião: remédios para suas doenças, a satisfação de suas necessidades e a esperança de sobreviverem". Diz ele ainda: "O *Vaudou*, pertence a nosso mundo moderno, sua linguagem ritual origina-se do francês e suas divindades se movem em um tempo industrializado, que é o nosso; somente por isto, ele faz parte de nossa civilização." Apesar de uma abordagem que se diz compreensível, ele é incapaz de sentir esta religião no seu interior: "Meu propósito, neste livro, é o de falar do *Vaudou,* como etnógrafo, isto é, com método e prudência. Se evitei o entusiasmo dos que, ao contato com uma religião exótica, são acometidos por um tipo de vertigem sagrada e terminam compartilhando a crendice de seus adeptos, tentei evitar também a atitude dos adeptos, esporádicos, de Voltaire que falam sem parar, com olhares cúmplices, de fraude sorridente."

Sua descrição do transe confirma, sem equívoco, o propósito de *Iá* sobre o que pensam "todos estes especialistas" e lembra o "estarrecimento" de Léry ao olhar as "Bruxas" brasileiras "urrando", "saltando", como se tivessem sido atingidas pelo "grande-mal (do) lado de cá". Métraux escreve: "No seu estado inicial, o transe se manifesta por sintomas de um tipo claramente psicopatológico." Ele reproduz, em suas linhas gerais, o quadro clínico do ataque de histeria. Ele também fala de "convulsões espasmódicas", de "sintomas nervosos", de "ataques nervosos" e acrescenta: "Ao sair de um transe, o possuído diz que não guarda nenhuma lembrança do que disse ou fez neste estado. Mesmo se a simulação é nitidamente aparente, suas negações serão categóricas."

Alguns anos antes da publicação de seu livro, ele havia enviado um artigo a Verger sobre a "Comédia Ritual na Possessão", publicado na revista de Caillois, *Diogène*. Ele retoma este artigo no *vodu*, mas não leva em conta uma observação fundamental que Verger lhe fizera. À questão, central para ele, da "sinceridade", da "simulação" no transe, que coloca a Verger várias vezes, este lhe respondeu: "Homem sem fé !!! Que ousa fazer a pergunta da sinceridade !!!" Aí está o âmago do problema, pois é de "fé", de crença, que se trata. Toda religião tem para seus adeptos, e para eles somente, uma evidência intrínseca: por que o transe do *vodu*, do Candomblé, seria menos "verdadeiro" que a transubstanciação dos católicos ou a predestinação à graça dos calvinistas? Por que ele seria menos "sincero" que o êxtase místico das santas e dos santos católicos, as práticas de flagelação, de mortificação de alguns cristãos etc.?

As questões que me coloco a respeito do transe são de natureza totalmente diferente: não abre ele o caminho para o conhecimento de um sagrado diferente do dos cristãos, também diferente do laicizado, da "razão" das Luzes? Esse "abandono total", que me faz sempre pensar na liberação, também total, do ser humano no orgasmo, não seria um desafio "para os Ocidentais, mais ou menos bloqueados" (Leiris) que somos? Mas Leiris não se pergunta por que somos "bloqueados". O cristianismo e sua indústria bimilenar de domesticação do corpo e de controle do sexo, não seriam os responsáveis? Por que é preciso aceitar os comandos das Igrejas que assimilam transe e "satanismo"? Por que a "razão" do homem das Luzes seria o padrão universal, e o único, das crenças religiosas? Por fim, não foi essa religião substituída pela "razão" que permitiu justificar a deportação, a exterminação de milhares e milhares de seres humanos que possuíam outras crenças religiosas, outras formas de pensar ?

Estas perguntas dão outro enfoque ao comentário de Leiris, na dedicatória de seu exemplar do livro sobre *vodu*. Ele não somente deixou de fazer a crítica à palavra "diabruras", utilizada por Métraux para designar o transe, como também, o que é mais surpreendente, a utiliza em seu próprio nome. Além disto, fazendo da "superioridade" de sua "razão" um postulado indiscutível, inquestionável, ele considera que o transe é somente uma "embriaguez mitológica", "deliciosas maravilhas", um "jogo". Ele aceita, então, como um Ocidental "bloqueado", "sufocado" em sua vida cotidiana, ser "consolado" por essas "diabruras". Mas não é isso que já dizia Léry, com as palavras e as idéias de seu tempo?[26]

Entretanto, Verger, que eles leram, escreve em 1957 que é preciso "fazer abstração de alguns postulados: o bem e o mal, correspondendo exatamente à nossa noção de bem e de mal, pecado original, divina providência" e que, no pensamento africano, fazem-se "associações, correspondências, afinidades e ligações entre certos elementos que nos são pouco familiares e não nos parecem nada lógicos"(cf. infra).

A vida da *Iá*, sua experiência de *ialorixá* e seus textos sobre o Candomblé mostram que nenhum pensamento, nenhuma religião podem ser considerados superior ou inferior. Que existe uma outra razão, tão racional quanto à do branco. E que é possível, sem cair numa mística da utopia, como fizera Bastide ao elogiar os méritos da Escola de Sociologia da Romênia (cf. supra), fazer uma pesquisa que não seja "teórica", mas tendo igualmente "objetivos práticos e educativos".

---

[26] O resumo longo e esfuziante de Leiris dos *Tristes Trópicos* (op. cit.), no qual ele louva Lévi-Strauss por ter escrito um "hino a Jean-Jacques Rousseau", está na mesma direção de seu comentário sobre o transe, a partir da dedicatória de Métraux. Ele contrasta particularmente com o julgamento seco e preciso de Verger sobre o mesmo livro de Lévi-Strauss, numa carta para Métraux: "Desesperadamente inteligente."

CONCLUSÕES

Opinião do autor

Quando, após um mês vivido na companhia dos *orixás,* retorno à "cidade", sua "desordem policiada" me parece sempre das mais problemáticas. A ordem do Candomblé se apresenta tal como ela é, uma criação do imaginário, na qual cada um está livre para acreditar ou não. A desordem da cidade, que é violência, se apresenta como contrária, por ser o que não é, "à realidade". De fato, não seria ela, como qualquer outra criação humana, um produto do imaginário? Por que ela seria mais "real" do que a ordem do Candomblé ? Por que deveríamos morar nela, fazê-la nossa e, correndo o risco de morrer por causa dela, aceitá-la?

Não sei se algum dia se encontrará uma resposta para estas questões que se colocam para a humanidade desde que ela existe, isto é, desde que ela enterra os seus mortos, mas sempre que estou no Rio, elas me obcecam. Seria por causa da morte, banida de nosso imaginário e que, no Rio, está mais palpável do que em outros lugares?

Começo a escrever a conclusão deste livro em Santa Teresa, um dos únicos morros urbanizados da "cidade" que o cimento ainda não invadiu. Subimos ao bairro por ruelas sinuosas, verdejantes, às quais as mansões se agarram. Os prédios, da parte baixa, invadidos pelo sol, vão diminuindo a cada curva e a baía de Guanabara vai surgindo em todo o seu esplendor. Pode-se também subir até o bairro pelo bondinho amarelo que passa, no céu azul, em cima dos Arcos da Lapa. Um dos raros vestígios do Rio de 1900, o bondinho, com seu enxame de crianças penduradas a cada lado, é, para os pivetes que se misturam a elas, uma forma de roubar os turistas.

Para chegar à casa amiga da Raquel, é preciso tomar, ao nível da rua, um elevador situado numa torre que nos leva até seu apartamento, dez metros acima. Quando saio da piscina, entre céu e terra, para deitar-me na grama ao seu redor, vejo à direita e acima de mim, uma favela e o pico do Corcovado. Quando me levanto e desloco um pouco o olhar, visualizo um outro cenário. Acima das árvores e de suas folhas vermelhas, violetas, púrpura ou amarelas, casas com coberturas na parte baixa e o Pão de Açúcar, com os prédios de Botafogo a seus pés, com uma "dimensão humana". Do outro lado, pequenas ilhas, num mar imóvel, fechado por uma cadeia de montanhas limitando o horizonte.

No final da varanda, onde estou, vê-se o apartamento rodeado de quartos, de dependências. As empregadas dormem nelas. O filho, morto num acidente, tinha também seu quarto ali. Aqui a desgraça esteve presente. Grande. Antes dele, tinha sido o marido-amante, loucamente amado e que ela amava loucamente. Sempre pensei, sem nunca ter ousado perguntar, que Ronaldo estava morrendo de câncer, um pouco a cada dia, devido às torturas sofridas aos vinte anos, quando os militares o puseram na cadeia, época em que fizeram o que aqui se chama de "Revolução". Para (sobre) viver, Raquel comprou esta casa, tão louca quanto o amor destruído pela morte. Ela não pede nada aos *orixás* que, pelo contrário, a assustariam; ela só os conhece através do que todo brasileiro da "classe média" "sabe" da Umbanda. Penso de novo nos *eguns* que, no Candomblé, ajudamos a viver sua "vida" de mortos. Protegêmo-nos deles, ao mesmo tempo em que falamos com eles e lhes pedimos conselhos.

Na França atual, não se tem mais nenhuma idéia do que foi a história colonial e a propaganda do Estado, da sua escola laica, das Igrejas: não teria sido melhor convencer os franceses que seu país trazia "a civilização" à África e às colônias? É por causa disto que a vida da *Iá* é, para mim, duplamente exemplar. "Nascida" na África ao sair de seus vinte anos e da louca esperança que sucedeu à resistência, ela achava que participava, devido aos altos cargos ocupados por seu marido na África, da Missão Civilizadora da França. Em seguida, ao término de um itinerário cujas etapas ela me contou, percebeu toda a vaidade de seu procedimento. Em busca de seu caminho, encontrou sua verdade e o mundo, na peneira do jogo de búzios de *Ifá*... Que bela "revanche" para a África, continente mártir, há quase quinhentos anos, dos brancos! E que testemunho!

Em 1992, em Recife, tinha encontrado Manoel Papai, o *babalorixá* de um dos mais antigos terreiros de *Xangô* do Recife, recentemente tombado pelo patrimônio histórico. Manoel é também um dos netos de pai Adão, seu fundador e que deu seu nome ao terreiro. Quando ele quis saber o objetivo de meu interesse pelo Candomblé, respondi-lhe com uma outra pergunta: "Por que o Candomblé no Brasil? E por que você é um *babalorixá*? A resposta veio imediatamente:

"Porque houve negros da África que foram trazidos para cá, como escravos! Porque foi preciso resistir à nossa perda de identidade. Eu sou o herdeiro de tudo isto." Após transcrever esta resposta, anotara: "Agora vai ser preciso compreendê-la." Este livro diz como tentei fazê-lo.

A meu ver, o modo de pensar escravagista continua marcando os sistemas de poder econômico, político e religioso brasileiros. Exatamente da mesma forma que o modo de pensar colonialista marca sempre os sistemas de poder econômico, político e religioso franceses. A explicação das conseqüências dos sistemas de dominação dos seres humanos, pelos sistemas escravagistas, capitalista, fascista, comunistas, de ontem e de outrora, é infindável; sistemas "democráticos", hoje, só para citar os de nossa chamada "modernidade", "pós-modernos" ou não. Isto poderia ser feito por uma sociologia acadêmica que não sabe mais falar se colocando no lugar do outro?

Devo à Mãezinha, madrinha do terreiro fundado pelo pai Adão, e à sua última filha, ainda viva, ter compreendido, desde 1992, o alcance desta pergunta para uma pesquisa sobre o Candomblé. No início deste século, pai Adão, grande figura do Candomblé brasileiro, foi à África aprender o iorubá, sua cultura e sua religião para, em seguida, contribuir para fazê-la divulgar e implantar no Recife. Totalmente desconcentrado pela maneira de trabalhar dos meus colegas antropólogos pernambucanos, um dia fui sozinho ao terreiro e pedi à Mãezinha para colocar os búzios para mim. Através de uma pergunta "quais são os meus *orixás?*", queria me comunicar diretamente com as pessoas do Candomblé. Mãezinha, uma grande mulher preta, muito ágil apesar da idade, compreensiva, jogou os búzios e me disse que eu era filho de *Xangô*, amado por *Iemanjá*. Falou de minha saúde, da minha vida familiar e do meu trabalho. A conversa que tive com meus colegas a respeito desta consulta acabou me convencendo de que nossas concepções sobre a pesquisa eram totalmente diferentes e me incentivou a continuar fazendo uma sociologia que seja *dita através da palavra do outro*.

No Brasil e na França, quando me interrogam sobre minha pesquisa, surpreendo-me por vezes a me perguntar, sem dizer nada aos meus interlocutores, que não entenderiam, como seria o mundo, se todos deixássemos desenvolver, em cada um de nós e em nossos respectivos grupos humanos, o que *Iá* chama de "nossa personalidade básica"? Como seria o mundo se cada indivíduo pudesse ter acesso, na medida do possível, à memória coletiva de seu grupo? Por fim, qual seria o mundo, se cada um de nós se sentisse bem no seu lugar, no que *Iá* sempre chama de "sua porção do universo"?

Opinião de *Iá*

"Vivendo longe da agitação, num espaço harmonioso, onde as folhas ocupam três quartos, não me sinto isolada do mundo. Estou em contato direto com ele e, nas minhas consultas, me deparo com todo o tipo de situações. As pessoas que vêm me procurar esperam que eu lhes dê um remédio.

Se o jogo de búzios é importante para poder tomar decisões, minha psicologia e minha perspicácia têm uma grande influência sobre as pessoas que vêm até meu terreiro. Reflito muito sobre os conselhos que posso lhes dar, pois as decisões que as pessoas tomam decorrem, em grande parte, da influência que, mesmo sem querer, posso ter sobre elas.

Apesar de ser, interiormente, sempre tensa, ansiosa, as pessoas dizem que uma influência apaziguadora, tranqüila, emana de mim. Elas se vão, em parte, reconfortadas e prontas para tomar uma nova direção. Isto deve vir de *Iemanjá*, da sua personalidade maternal, porque, na maioria das vezes, não sinto em mim a calma que transmito."

ANEXO

SOBRE A HISTÓRIA E A SIMBOLOGIA DO CANDOMBLÉ

O *Candomblé*, (re)criação imaginária da África no Brasil pelos escravos e seus descendentes, é uma concepção do mundo e uma religião que se opõem diametralmente à visão ocidental, cristã, sobretudo, católica e protestante. Para ajudar a compreendê-las, após breves notações sobre a história do Candomblé, proponho alguns elementos de reflexão sobre o sagrado e a pessoa humana.

Sobre a história do Candomblé

A meu ver não existe nenhuma história do Candomblé. Ele surgiu, sem dúvida, desde o final do século XVIII nos estados da Bahia e de Pernambuco, à margem, ao mesmo tempo, da escravidão e da "cidade".

No século XIX, em Salvador, a escravidão tinha aspectos muito variados, sem dúvida muito mais que em outras regiões do Brasil. Alguns escravos viviam vendendo mercadorias para seus donos, na rua; outros faziam o transporte de pessoas em liteiras; e outros, chamados "Negros de ganho", eram mensageiros e gozavam de uma grande liberdade. Muitos escravos vendedores fugiam, mas poucos escravos mensageiros e carregadores, ao contrário dos primeiros, podiam obter facilmente sua liberdade. Parece justo pensar que o Candomblé, ou o que se chamaria em breve assim (ninguém sabe quando e por que este nome), nasceu, pelo menos em Salvador da Bahia, dentre essa camada social que estava saindo da escravidão. Concebe-se mal, que ele poderia ter nascido nas senzalas do campo ou dentre os escravos vivendo em casas, na cidade. Adorar deuses proscritos, fazer-lhes as oferendas, freqüentemente suntuosas, que eles merecem, exigia liberdade de movimento e disponibilidade financeira que nem os escravos das senzalas, nem os das casas tinham. O papel das mulheres, no nascimento e no desenvolvimento do Candomblé, foi essencial (Landes, 1947). Aliás, as perguntas que os médicos se faziam sobre essas mulheres que entravam em transe, "doença mental" desconhecida na época, deram origem às primeiras pesquisas sobre o Candomblé.

Na África, cada grupo familiar, cada vilarejo adorava seu deus protetor, *Xangô* aqui, uma outra divindade lá. No Brasil, os donos de escravos, preocupados em prevenir possíveis revoltas, costumavam misturar escravos oriundos de diferentes etnias para impedir sua união. De imediato, essa política não era totalmente ineficaz, mas, sem sabê-lo, eles favoreciam igualmente o intercâmbio de deuses africanos trazidos por cada etnia. No decorrer dos séculos, elaboraram-se, assim, não sabemos como, panteões desconhecidos, sob essas formas, na África. No Brasil, as estruturas familiares e comunitárias destruídas pelo tráfico negreiro foram "substituídas", simbolicamente, por famílias de deuses e, às vezes, a tradição religiosa africana manteve-se melhor do que na África. Isto é essencial para podermos compreender a diversidade dos Candomblés brasileiros, designados através de sua origem étnica; as cisões que se produziram, e que, sem dúvida ainda se produzem, entre Candomblés, reivindicam a mesma tradição. O Opó Afonjá, por exemplo, nasceu da divisão, em três, de um Candomblé de ketu, no início do século, o do Engenho Velho. Este terreiro, assim denominado por causa da sua localização em um antigo engenho de açúcar, ainda existe. O terceiro Candomblé, oriundo desta divisão, tão famoso e renomado quanto os outros, é o Candomblé do Gantois. Ainda existem outros Candomblés de origem ketou, mas menos conhecidos.

Durante muito tempo, o Candomblé foi perseguido pelo Estado e pela Igreja católica que só viam nele "satanismo", "paganismo". A "completa liberdade de cultos", incluindo os africanos, só foi reconhecida e garantida a partir de 1946. Foi Jorge Amado, na época deputado federal em São Paulo, quem redigiu o artigo e depois conseguiu incluí-lo na Constituição de 1946. Este artigo ainda hoje está em vigor, mas as perseguições, abertas ou dissimuladas, continuaram, após sua inscrição na Constituição. Será somente por volta de 1970 que serão votados os decretos regulamentando a atividade destas associações religiosas, sempre chamadas oficialmente de "folclóricas". O Brasil estava ainda sob o jugo da ditadura dos militares que, em 1964, haviam destituído o Presidente João Goulart e tomado o poder. É a época do chamado "milagre econômico" brasileiro. As liberdades são tolhidas. Os que se opõem ao regime são aprisionados, torturados, assassinados ou obrigados a se exilar. Entretanto, a liberdade de culto não foi suprimida apesar do apoio, pelo menos no início, da hierarquia católica à ditadura; as várias religiões afro-brasileiras, sem dúvida numerosas, muito importantes para serem perseguidas, continuaram a se desenvolver.

Sobre a implantação do Candomblé no Rio

Fugindo das incessantes perseguições, o Candomblé, de início, escondeu-se em Salvador. Nesta surpreendente cidade, cantada eternamente por Jorge Amado, o "centro" e o "subúrbio" se misturam, formando um todo tão indefinível quanto extraordinário. O Candomblé também se escondera nos "subúrbios" de Recife e, mais tardiamente, nos do Rio de Janeiro. Foi assim que no século XX, através de uma reação contrária e que não fora prevista pelas forças de repressão político-religiosas, o "primitivismo" africano enraizou-se nos "subúrbios" das "cidades" para tornar-se um dos maiores componentes do desenvolvimento urbano e da cultura brasileira contemporânea.

Monique Augras (1985) exumou um pouco da história do Candomblé Opó Afonjá do Rio partindo de uma coletânea de lembranças de alguns de seus primeiros adeptos. Mãe Aninha, nascida em 1869, analfabeta, após ter deixado o terreiro do Engenho Velho de Salvador, na época de seu desmembramento, por razões desconhecidas, veio para o Rio. Instalou-se num bairro perto do porto, onde encontrou outros emigrantes baianos e foi morar na casa deles. Fez algumas iniciações e retorna, em 1910, para Salvador. Funda seu terreiro, que chama de Opó Afonjá, e começa a fazer iniciações. Sua primeira iniciada é Agripina, nascida em 1890, que ela designará, pouco antes de morrer (1938), *ialorixá* de um segundo terreiro Opó Afonjá que fundara no Rio. Ela aí voltou várias vezes, entre 1910 e 1935, na casa de seus amigos baianos e sempre fazia iniciações. Aos poucos, constitui-se um terreiro que *Iá* Agripina, tendo vindo morar no Rio para seguir seu marido, dirigirá até sua morte em 1966. *Iá* Cantulina, também nascida em Salvador (1900) e iniciada por mãe Aninha, lhe sucedeu. Ela dirigiu o terreiro até 1992. Doente, o seu *orixá* lhe pede então para voltar a Salvador onde se isola numa das casas do terreiro Opó Afonjá. A professora primária Regina Lúcia, iniciada no Rio por *Iá* Cantulina, em 1969, vai lhe suceder.

Um outro testemunho desta história secreta foi recolhido por Sodré e de Lima (1996) junto ao professor Agenor. Em 1926, com 19 anos, ele veio de Salvador para o Rio, onde continuou seus estudos na universidade. Agenor, tendo nascido em 1907 numa família de diplomatas portugueses, ocupando um cargo em Salvador, foi iniciado aos cinco anos de idade por Mãe Aninha. Naquela época, ele tem uma "febre" que os médicos, condenando a criança, o declararam incurável. Sua iniciação por Mãe Aninha foi o último recurso para tentar salvá-lo da morte. Pouco tempo depois, já curado, o menino permanece no meio do Candomblé. Hoje, com 92 anos, o professor Agenor é considerado o *babalorixá* mais importante do Brasil. Professor de língua e literatura no Colégio Pedro II, no Rio, melômano e pianista, apaixonado por Chopin e Debussy, ele sempre ficou ligado ao Candomblé do Opó Afonjá de Salvador. Encontrava-se com Mãe Aninha, cada vez que ela vinha ao Rio. Nos últimos 30-40 anos, seu jogo de búzios designou as *ialorixás* que lhe sucederam na direção do terreiro. A presença dele no Candomblé, junto à de inúmeros artistas e escritores, dos quais o mais conhecido mundialmente é Jorge Amado, contribui para a sua fama. Em 1926, segundo Agenor, havia no Rio muito animismo, "feiticeiros" africanos fazendo macumba, mistura de magia e rituais vindos de diversos cultos, africanos ou não. Dentre eles, poucos se dizem oriundos do Candomblé, e do Opó Afonjá menos ainda: somente três.

Outros Candomblés, angola por exemplo, vieram de Salvador para se implantarem no Rio. Joãozinho da Gomea, célebre *babalorixá* do Rio, é um deles. Nascido em 1914, numa cidadezinha do estado da Bahia, fugiu de casa com 15 anos indo para Salvador. Vai trabalhar num armazém e é adotado por uma mulher adepta do Candomblé. Católico, mas, sofrendo de intensas dores de cabeça, vai consultar um *babalorixá*, Jubiabá, e é iniciado por ele em 1930. Suas dores de cabeça desapareceram. Sua mãe adotiva, que ele chamava de madrinha, morreu em 1933. Ele fundou um Candomblé angola e começou a fazer iniciações. Em 1946, já famoso em Salvador, ele veio ao Rio para dirigir as festas de oferendas de duas *iaôs*. Um jornal falou sobre sua vinda e muitas pessoas lhe pediram para fazer consultas. Por fim, ele ficou no Estado do Rio, fechou seu terreiro de Salvador e abriu um outro em Duque de Caxias (entrevistas com *Iá Omindarewa*).

Sobre a *Umbanda*

A *Umbanda* (cf. supra) nasceu nos subúrbios do Rio de Janeiro, em meados dos anos 1930-40. Essa nova religião é organizada, como o Candomblé, em terreiros independentes ao redor de um chefe religioso; é uma mistura, com doses variáveis segundo os terreiros, de diferentes cultos: a antiga *macumba* carioca; o culto de espíritos africanos, de santos católicos; o espiritismo de Allan Kardec; elementos do misticismo oriental etc.

Na Umbanda, a comunicação se faz através do transe, com toda uma variedade de almas, não definidas, e de espíritos, evidentemente africanos, mas também católicos, ciganos; Pretos-Velhos, Caboclos (espírito de Índios) etc. Há oferendas, mas os sacrifícios de animais são cada vez mais raros. Ao contrário do Candomblé, onde sempre se deve interpretar a mensagem dos *orixás*, na Umbanda, a comunicação com os espíritos é direta: eles dão conselhos, tratam e curam doenças, e as pessoas saem de lá reconfortadas.

O Sagrado e a representação do mundo

Na França, o "sagrado" é habitualmente definido em oposição ao "profano". O sagrado é o "que pertence a uma esfera separada, proibida e inviolável (o contrário do que é profano) e é religiosamente reverenciado" (*Petit Robert*, dicionário). Esta oposição entre sagrado e profano não tem nenhum sentido no Candomblé, onde o sagrado está em todos os lugares. Mais exatamente, ele pode surgir a cada momento, de todos os lugares.

O mundo foi criado por um deus invisível, do qual nada se sabe, nem tão pouco por que ele criou o mundo (Adilson de *Oxalá*, 1998). Aliás, nem o criador se interessa pelo mundo que criou. Conseqüentemente, ninguém se preocupa com ele, nenhum culto lhe é dedicado e fica, para sempre, no seu mundo invisível. Mas o mundo "funciona"! Ou seja, no universo tudo tem relação com tudo: elementos animados e inanimados, seres humanos e animais, fenômenos cósmicos (vento, sol, chuva, trovão etc.). Como e por que o mundo funciona? Quais são as relações entre os dois mundos: o visível e o invisível? Essas perguntas são o fundamento de TODAS as religiões. A resposta, diferente, que cada uma traz, dá sentido ao mundo e, para o cristianismo, ela "revela" o sentido do mundo desejado por Deus "o Criador de todas as coisas:" A resposta do Candomblé resume-se assim: o mundo é acionado por forças chamadas *orixás* que têm três características. Ei-las:

1) ministros a quem o deus invisível, criador do mundo visível, delegou seus poderes;

2) elementos, naturais ou não (temporal, vento, chuva, doença etc.);

3) traços de caráter, da personalidade (coragem, força, justiça etc.).

Ao mesmo tempo em que constituem um traço de união entre o mundo visível e o mundo invisível, os *orixás* delimitam um espaço simbólico com três dimensões, cujos pólos são:

1) o mistério da vida (criação do mundo);
2) o Cosmos (elementos naturais ou não);
3) história da formação dos homens (traços de caráter, de personalidade).

Múltiplas forças – os panteões dos *orixás* são infinitos – ligam esses três pólos: elas interagem umas com as outras e formam uma infinidade de configurações que podem ser antagônicas ou fusionais, ou neutras etc. Essas forças não são nem "boas" nem "más". Elas existem. As noções de "bem" e "mal" das religiões cristãs não têm, portanto, nenhum sentido no Candomblé, onde só conta o conhecimento dessas forças a fim de poder agir sobre elas, manipulá-las. Bem como a famosa frase da sexta parte do *Discurso do Método*, de Descartes, "tornando-nos assim mestres e possuidores da natureza", no Candomblé, ela também não tem nenhum sentido. Além disto, seria um contra-senso que poderia ser fatal para a humanidade: todas as forças, estando em equilíbrio, mesmo quando se opõem, se afrontam; nenhuma delas, sob pena de romper esse equilíbrio, pode-se chamar ou ser chamada por essência, ou por natureza superior a uma outra.

O ser humano, único em seu gênero, força dentre as forças, é parte integrante das configurações em incessante movimento que se fazem e se desfazem perpetuamente. Esse movimento aciona o ser humano, mas como ele é um de seus componentes, pode agir sobre ele. O instrumento é o transe, que faz de uma pessoa o "cavalo" de um deus. Essa escolha, sempre efetuada pelo deus, confere aos eleitos um grande prestígio. No transe, tudo acontece como se o ser humano deixasse de habitar o seu invólucro corporal para dar lugar à "outra coisa", que é de ordem invisível.

O transe é possessão de uma pessoa por um *orixá*:

1) ele a aproxima do mistério da vida (primeira característica dos *orixás*);
2) a põe em relação com o cosmos (sua segunda característica);
3) permite-lhe dominar melhor sua vida e o movimento de forças que a acionam (sua terceira característica). O transe é também o estado que permite à nossa "personalidade de base"

exprimir-se: a pessoa fica como que "liberada" das marcas que a vida em sociedade deixa inevitavelmente sobre ela e alteram freqüentemente sua personalidade. Porém, no transe, a pessoa não se (re)encontra só para si mesma, mesmo sendo importante: ela se (re)encontra para os outros que vêm pedir-lhe para agir, até mesmo pela magia, sobre as configurações de forças nas quais se envolveram.

A iniciação, transmissão por um condicionamento voluntário de um saber oral, vai dar forma à "personalidade de base" no "subconsciente" da pessoa (cf. infra). A iniciação vai "modelá-la", "reestruturá-la" à imagem de uma divindade, seguramente mais do que bimilenar e que, por causa disto, contém toda a história da humanidade. Todavia, se desde sempre o ser humano tende para o conhecimento do mistério da vida, ele não o atingirá jamais, porque nenhum deles pode conversar com seu *orixá*. O inverso não é verdade: a iniciação ensina o "cavalo" a receber as mensagens de seu *orixá*; ele as interpreta e, o que é mais importante, vai decidir sozinho sobre a influência delas em seu dia-a-dia É aí que o sagrado intervém.

Portanto, o que é o sagrado no Candomblé ? A "consciência do real", o sentido dado ao real pelos que entram em transe, primeiro o *babalorixá* que possui o *axé* mais forte. O sagrado, num terreiro e também na tradição africana da qual é oriundo, está na origem do poder do *babalorixá*. Da mesma forma que está, ou tenta estar, na origem de todo poder, religioso, político e da autoridade, de um ser ou de um grupo de seres humanos sobre os outros.

O sentido e a ordem dados ao mundo variam de uma pessoa para outra, de um grupo humano para um outro. Além disso, no Candomblé, estas duas noções são contentemente reinventadas através das incessantes trocas estabelecidas entre o mundo visível e o invisível. Talvez por causa disso, o poder num Candomblé, bem como o Candomblé ele mesmo, seria um "poço sem fundo"? Três outras questões, tema para outras pesquisas, me parecem fundamentais. Como e por que mulheres inventaram esta prática do poder, a partir do final do século XIX? Qual é a sua natureza? Como todo poder, o do Candomblé é feito de dominação, mas não esmaga: seria por que a relação direta com o sagrado, compartilhada pelo *baba/ialorixá* com as *iaôs* e os *ebamins* do terreiro, é individual e coletiva? Por fim, qual é o impacto social desse tipo de poder? O *ogã e a equéde*, que não entram em transe, não têm acesso ao mundo invisível, mas é sempre através deles ou delas que somos obrigados a passar para aproximarmo-nos dele? Assim, parece que todos os adeptos do Candomblé adquirem, no terreiro e fora dele, um poder, uma dignidade, que lhes são freqüentemente recusados na vida cotidiana. Será que eles não adquirem também, através do reconhecimento dos que vêm consultá-los, uma nova identidade que não é só africana?

A pessoa humana

A força do axé, determinante para definir o que é o segredo no *Candomblé*, não é levada em consideração para a definição da pessoa humana. Como todo ser humano possui um axé – da mesma maneira que qualquer outro elemento –, ele traz consigo a história do universo e a da humanidade. O encontro dessas duas histórias, que constitui também a pedra fundamental, é *Ifá*, deus da adivinhação.

Todo ser humano tem um *orixá*, "dono de sua cabeça", que indica o traço dominante de sua personalidade. Esse *orixá* principal é geralmente acompanhado por vários outros, que "se correspondem" e revelam outros traços de seu caráter. Esse conjunto de *orixás* ao redor de uma pessoa, e a ordem de prioridades que existe entre eles, forma uma rede complexa que se chama *odu* (Agenor Miranda Rocha, 1999). Só o jogo de búzios pode desvendar o envolvimento desses *orixás*. Porém, todos eles, que rodeiam a mesma pessoa, não constituem somente os traços de sua personalidade; eles são igualmente forças ativas do universo e responsáveis, por causa disso, pelas configurações de forças nas quais a pessoa se encontra. Isto vai redobrar a complexidade do *odu*, e mais uma vez, só o jogo de búzios vai poder desvencilhar a interpretação desses envolvimentos.

Para entender a simbologia da pessoa humana, é preciso voltar ao transe ritual que tem, por assim dizer, o poder de ampliá-la.

Após sua iniciação, a pessoa vive permanentemente em dois estados: um "normal", consciente, e o outro de transe, não consciente, de ordem divina. Quando a iniciada está acordada e consciente, sua segunda personalidade, não consciente, a do *"orixá"*, continua a agir, pensar, observar, influenciar sua vida e a dos outros seres humanos. De fato, existe agora, no seu "subconsciente", um segundo eu muito coerente e muito amplo que foi criado durante a iniciação, elaborado à imagem de um deus. Durante a iniciação também é preciso considerar – senão a pessoa sai dela desequilibrada – todos os outros deuses que formam o *odu*, e respeitar a sua estrutura. Na primeira etapa, esse trabalho feito pelo *baba/ialorixá* faz com que "a pessoa saia dela mesma", "retirando-a" de sua aparência. Em seguida, é preciso – isso se passa sempre a um nível inconsciente – que a iniciada "aprenda" a "conhecer" seu *odu*, sua personalidade "total" da qual, até então, ela não tinha uma "consciência" clara. O trabalho sobre o seu consciente e o seu "subconsciente", do qual a iniciada não está "ciente", vai fazê-la conhecer o lugar ocupado pelos seres humanos, a começar pelo seu, no seio das forças que agem sobre o mundo. Esse conhecimento e as possibilidades de manipular essas forças vão sempre continuar se desenvolvendo com a idade e a experiência. O mesmo acontece com o conhecimento da iniciada sobre suas possibilidades de agir sobre essas forças. Esse também é o objetivo do jogo de adivinhações em uma consulta, porém, de uma forma mais simples e adaptada à pessoa e à situação.

O trabalho do *baba/ialorixá* sobre o "subconsciente" é muito diferente do que se faz sobre o inconsciente, numa análise. Nela, trata-se de aprender, através de alguém que aprendera com uma outra pessoa, a fazer "falar" seu inconsciente. No Candomblé, como na psicanálise, "eu é um outro", mas não se trata nem do mesmo "eu", nem do mesmo "outro". O *baba/ialorixá* também não é uma "parteira". Ele transmite o conhecimento que seu axé lhe permite ter, e só isto:

1) as relações que unem o mundo visível e o invisível;

2) as forças que agem no mundo;

3) sobre a oportunidade que cada ser humano tem de agir, direta ou indiretamente, sobre essas forças. É claro que o *baba/ialorixá* é eleito pelos deuses, mas sem uma "mensagem" para transmitir. Não tem "a missão de salvar o mundo". Não é um messias. O *baba/ialorixá* é somente o herdeiro das estruturas do poder e do saber estabelecidas nos reinos e nos impérios africanos. Essas estruturas, que resistiram a cinco séculos de tentativas de destruição sistemática, parecem constituir uma parte indestrutível do patrimônio da humanidade. Hoje, elas se realizam através do Candomblé, uma religião atual.

GLOSSÁRIO

Abiã: pessoa designada pelos *orixás* para ser iniciada.

Abadá: túnica branca, sem gola, usada pelos homens no terreiro.

Adjá: sininho duplo ou triplo, com um cabo, que o *baba/ialorixá* ou uma *ebamim* segura para manter o ritmo, ajudar a manter o transe.

Aiabá: pessoa que recebe um *orixá* feminino.

Alabé: chefe dos atabaques e mestre dos cânticos.

Alujá: ritmo ketu consagrado a *Xangô*.

Apaoká: árvore sagrada.

Arewa: beleza.

Axé: energia, poder, força da natureza, força divina. Por extensão, o objeto de suporte desta força divina.

Axogum: sacrificador.

Babalaô: homem dedicado ao culto de *Ifá*, deus do saber e da adivinhação que preside o destino dos homens. O *babalaô* consulta *Ifá* por intermédio, ikins e de okpele, do jogo de búzios.

Babalorixá: homem que dirige um terreiro.

Barco: conjunto dos iniciados que fazem parte de um mesmo grupo.

Bori: oferenda feita para a cabeça de uma pessoa.

Bubá: blusa africana usada pelas mulheres de um terreiro.

Caboclo: espírito de índio que incorpora num ser humano.

Casa grande: casa onde moravam o proprietário de escravos e sua família.

Cauri: búzio utilizado no jogo da adivinhação.

Deká: cargo de babalorixá/ialorixá, simbolizado por um conjunto de objetos e recipientes entregues solenemente a um iniciado depois de sete anos de feitura.

Desafio: duelo cantado em versos improvisados.

Dobale: saudação do(a) iniciado (a), prostrado (a) com o ventre ao chão diante de um orixá, *baba/ialorixá*.

Ebamim: iniciada com mais de sete anos de feitura.

Ebó: sacrifício, oferenda ou trabalho ritual.

Egum: espírito de um ancestral, de um defunto.

Emi: sopro vital que o ser humano recebe ao nascer.

Equéde: mulher encarregada de cuidar dos iniciados em transe e de receber suas mensagens.

Erê: espírito de criança que acompanha o *orixá*. Estado intermediário entre o transe profundo e o estado consciente.

Fazer a cabeça: ser iniciado.

Feitura: iniciação.

Iá: mãe.

Ialorixá: mulher que dirige um terreiro.

Iaô: iniciada com menos de sete anos de feitura.

Ilê: casa.

Ikim: caroço de dendezeiro (*Eleis idolatrica*) utilizados no jogo de Ifá.

Inkisi; termo equivalente a orixá, iorubá e ao vodun do jeje no *Candomblé* angola.

Iroco: árvore sagrada.

Kimbundo: língua bantou de Angola.

Mariô: folhas de dendezeiro desfiadas, penduradas acima das portas, para proteger das más influências. Servem também para decorar a saia de alguns trajes de *orixás*.

Mogbá: título dado a um dignitário de Xangô.

Odu: signo que determina o destino da pessoa e em particular os orixás que lhe protegem.

Ogã: dignitário masculino que não recebe orixá.

Ojá: faixa de tecido longa e estreita que se usa nos trajes de candomblé.

Ojé: dignatário do culto dos *Eguns*.

Okpele: corrente dupla, aberta; composta de certas sementes africanas que servem no jogo de Ifá.

Omi: água.

Opó: pilastra, coluna.

Ori: força de vida que reside na cabeça e permite a raciocinar.

Orixá: nome dado às divindades nos Candomblés iorubá.

Osé: limpeza dos vasos sagrados.

Otun babalaxé: num terreiro é o braço direito da *baba/ialorixá*.

Padê: oferenda para os *exus* na rua e em certos candomblés, cerimônias em louvor a Exu, a eguns, a ancestrais e às iamís oxorongás.

Preto velho: espírito de um preto velho escravo.

Roncó: local secreto onde são feitas as iniciações.

Sabaji: sala onde as *iaôs* dormem e deixam suas malas e objetos pessoais, com o material necessário à vida no barracão (palavra de origem Fon, "segbeji").

Sacudimento: ritual de purificação.

Terreiro: local de culto aos orixás.

Xirê: festa durante a qual são cantadas as cantigas para os orixás.

BIBLIOGRAFIA

1 A África

Abimbola, W., "The yorubá concept of human personality". Paris: CNRS, *Colloque international sur la notion de personne en Afrique noire*, 1969.

Abimbola, W., *Sixteen great poems of Ifá*. Niamey-Niger: UNESCO, 1975.

Abimbola, W., *IFA. An exposition of Ifa Literary Corpus*. Ibadan: Oxford University Press, Nigéria, 1976.

Agbo, C., chamado de Alidji, *Histoire de Ouidah du XVIè, au XXè. S.* Paris. Les Presses Universelles, 1959.

Balandier, G., *Sociologie actuelle de l'Afrique noire*, Paris, PUF, 1955.

_____. *Afrique ambiguë*. Paris: Plon, 1957

Bascom, W., *IFA Divination, Communication between Gods and Men in West Africa*. Bloomington: Indiana University Press, 1969.

_____. *The yorubá of Southwestern Nigeria*. USA: Ed. Holt, Rinehart & Winston, 1969.

_____. *Sixteen Cowries, yorubá Divination from Africa to the New World*. Bloomington: Indiana University Press, 1980.

Bolaji Idowu, E., *Olodumaré, God in yorubá belief*. London: Longmans, Greens & Co LTD, 1962.

_____. *Africa traditional religion. A definition*. New York: Orbis Books, 1973.

Brandily, M. *Introduction aux musiques africaines*. Cité de la musique/ Actes Sud, 1997.

Burns, A. *History of Nigeria*. London: Ed. George Allen & Unwin, 1948.

Caillé, R. *Voyage à Tombouctou*. Pari: Ed. La Découverte, 1996.

Chatwin, B. *Le vice-roi de Ouidah*. Paris: Grasset, 1988.

Chevrier, J. *Les Blancs vus par les Africains (Textes recueillis et présentés par...)*. Lausanne: Favre, 1998.

Collectif d'auteurs. *Le concept de pouvoir em Afrique.* Paris: UNESCO, 1986.

Conrad, J. *Au coeur des Ténèbres.* Paris: Flammarion, 1989.

Coquery, C. *La Découverte de l'Afrique.* Paris: Julliard, 1965.

Daget, S., *La traite des Noirs.* Rennes: Ed. Ouest-France Université, 1990.

Davidson, B., *L'Afrique au XXè. S. L'éveil et les combats du nationalisme africain.* Paris: Edit. 1980, Jeune Afrique.

Davidson, B. *Mère Afrique. Les annés d'épreuve de l'Afrique.* Paris: PUF, 1965.

Davidson, B. *Les Africains. Introduction à l'histoire d'une culture.* Paris: Ed. du Seuil, 1971.

de Rachewiltz, B. *Eros noir.* Paris: Terrain vague, 1993.

Deschamps, H. *Les religions de l'Afrique noire.* Paris: PUF, 1977.

Gibbal, J.M. *Tambours d'eau. Journal et enquête sur um culte de possession au Mali occidental.* Paris: Ed. Le Sycomore, 1982.

Gide, A. *Voyage au Congo* suivi de *Le retour du Tchad.* Paris: Gallimard, 1981.

Gleason, J. *Oya in praise of the Goddess.* Boston & London: Shambkela, 1987.

Grégoire (l'abbé). *Dela littérature des Nègres, ou Recherches sur leurs facultés intellectuelles, leurs qualités morales et leur littérature...* Introduction de Lessay, J. Paris: Perrin, 1991.

Griaule, M. *Dieu d'eau, entretiens avec Ogotemmêli.* Paris: Fayard, 1966.

Ki-Zerbo, J. *Histoire de l'Afrique noire. D'hier à demain.* Paris: Lib. Hatier, 1972.

Leiris, M. *La possession et ses aspects théâtraux chez les éthiopiens de Gondar.* Paris: Plon, 1958.

_____. *Cinq études d'ethnologie. Le racisme et le Tiers Monde.* Paris: Denoël/Gonthier, 1969.

_____. *Entretien (avec Sally Price et Jean Jamin).* Paris: Gradhiva, N° 4., 1988.

_____. *L'Afrique fantôme.* Paris: Gallimard, 1988.

Londres, A. *Terre d'ébène.* Paris: Arléa, 1988.

Maupoil, B. *La Géomancie à l'ancienne Côte des Esclaves.* Paris: Ed. Institut d'ethnologie, 1981.

Meyer, J. *Esclaves et négriers.* Paris: Gallimard, 1998.

Osmosade Arvololu, J. *Yorubá beliefs and sacrificial rites.* Essex (U.K.): Longman, 1979.

Parrinder, E.G. *The story of Ketu. Na ancient yorubá kingdom.* Ibadan: Ed. Ibadan University Press, 1956.

Petre-Grenouille, O. *La traite des Noirs.* Paris: PUF, 1997.

Rencontres Internationales de Bouaké. *Les religions africaines traditionnelles.* Paris: Ed. du Seuil, 1965.

Roumeguere-Eberhardt, J. *Pensée et société africaines.* Paris: Mouton & Co, La Haye, 1963.

Sala-Molins, L. *Le Code Noir ou le calvaire de Canaan.* Paris: PUF, 1987.

Soyinka, W. *Aké, les annés d'enfance.* Paris: Pierre Belfond, 1984.

Soyinka, W. *Ibadan, les années pagaille. Mémoires: 1946-1965.* Actes-Sud, 1997.

Stamm, A. *Les civilisations africaines.* Paris: 1993.

Stamm, A. *Les religions africaines.* Paris: PUF, 1995.

Sudarkasa, N. *A study of yorubá women in the marketplace and in the home.* Anthropological papers. N° 53, Univ. of Michigan (E.U), 1973.

Suret-Canale, J. *Afrique Noire. L'ère coloniale (1900-1945).* Paris: Ed. Sociales, 1962.

Thomas, L.V. *La mort africaine.* Paris: Payot, 1982.

Tutuola, A. *L'ivrogne dans la brousse,* (traduit de l'anglais par Raymond Queneau). Paris:> Gallimard, 1953.

Verger, P. *Dieux d'Afrique.* Paris: Ed. Paul Hartman, 1954.

Verger, P. *Flux et reflux de la traite des nègres entre le golfe de Bénin et Bahia de todos os santos du dix-septième au dix-neuvième siècle.* Paris: Mouton & Co, La Haye, 1968.

Verger, P. "Grandeur et décadence du culte de Iyámi Ósóróngá (ma mère la sorcière) chez les yorubá". Paris: *Journal de la société des africanistes,* 35 (1), 1965.

Verger, P. *Notes sur le culte des orisá et vodun à Bahia, la Baie de tous les saints, au Brésil et à l'ancienne côte des Esclaves en Afrique,* Dakar, Mémoires de l'Institut français d'Afrique noire, n° 51, 1957.

Verger, P. *Ewé. O uso das plantas na sociedade Iorubá.* São Paulo: Odebrecht, 1995.

Verger, P. "Automatiste verbal et communication du savoir chez les yorubá". Paris, *L'Homme,* XII, MCMLXXII, Cahier 2, 1972.

Willett, F. *L'Art africain*. Paris: Ed. Thames & Hudson, 1995.

Ziegler, J. *Le pouvoir africain*. Paris:, Ed. du Seuil, 1971.

2 O Brasil e as religiões africanas das Américas

Adilson de Oxalá (Awofa Ogbebara), *Igabdu. A cabaça da existência. Mitos nagôs revelados*. Rio de Janeiro: Pallas, 1998.

Amado, J., *Navegação de cabotagem*. Rio de Janeiro: Record, 1992.

_____. *Bahia de tous les saints*. Paris: Gallimard, 1938.

_____. *La boutique aux miracles*. Paris: Stock, 1976.

_____. *Les Pâtres de la nuit*. Paris: Stock, 1970.

_____. *Mar morto*. Paris: Flammarion, 1982.

_____. *L'invitation à Bahia*. Paris: Messidor, 1989.

Angotti Salgueiro, H. *La casaque d'Arlequin. Belo Horizonte, une capitale éclectique au 19ᵉ siècle*. Paris: Editions de l'École des Hautes Études em Sciences Sociales, 1997.

Aubrée, M., & Laplantine, F. *La Table, le Livre et les Espirits*. Paris: J.C.Lattès, 1990.

Augras, M., dos Santos J. B. "Uma casa de Xangô no Rio de Janeiro". Rio de Janeiro. *Dedalo*, 24, 1985.

_____. *Le double et la métamorphose. L'identification mytique dans le Candomblé brésiliense*. Paris: Ed. Méridiens Klincksieck, 1992.

_____. *Medalhas e Brasões: a história do Brasil no samba*. Rio de Janeiro: Fundação Getulio Vargas, 1992.

_____. *O que é tabu,* São Paulo, Ed. Brasilien, 1989.

_____. *Alteridade e Dominação no Brasil,* Rio de Janeiro, Ed. Nau, 1995.

Bastide, R., *Imagens du nordeste mystique en noir et blanc,* Ed. Pandora, 1978.

_____. *Le Candomblé de Bahia (rite Nagô)*. Paris: Mouton & Co, La Haye, 1958.

_____. *Le sacré sauvage et autres essais*. Paris: Payot, 1975.

_____. *Les Amériques noires*. Paris: Payot, 1967.

_____. *Les religions africaines au Brésil. Vers une sociologie des interpénétrations de civilisations*. Paris: PUF, 1960.

Birman, P. *O que é umbanda*. São Paulo: Abril Cultural & Ed. Brasiliense, 1985.

Beniste, J. *Orun Aiyé. O encontro de dois mundos.* Rio de Janeiro: Bertrand Brasil, 1997.

Boyer-Araujo, V. *Femmes et cultes de possession au Brésil. Les compagnons invisibles.* Paris: Ed. L'Harmattan, 1993.

Bramly, S. *Macumba Forces noires du Brésil.* Paris: Albin Michel, 1981.

Cabrera, L. *Yemanja y Ochun, Kariocha, Iyalorichas y Olorichas,* nota de la contraportada por Pierre Verger. New York: Library of Congress, 1980.

_____. *Pourquoi. Nouveaux contes nègres de Cuba.* Paris: Gallimard, 1954.

Caldeira, J. & al. *Viagem pela história do Brasil.* São Paulo: Companhia das Letras, 1998.

Carelli, M. *Brésil, épopée métisse.* Paris: Gallimard, 1987.

Carneiro, E. *O Quilombo dos Palmares.* Rio de Janeiro: Civ. Brasileira, 1966.

_____. *Candomblés de Bahia.* Rio de Janeiro: EA Andes, 1954.

Carneiro da Cunha, M. *Negros estrangeiros. Os escravos libertos e sua volta a África.* São Paulo: Brasiliense, 1985.

Clastres, H. La Terre sans mal. Le prophétisme tupi-guarani. Paris: Le Seuil, 1975.

Clastres, P. Le grand parler. Paris: Le Seuil 1974.

Clodomiro do Carmo, J. *O que é Candomblé.* São Paulo: Brasiliense, 1987.

Clouzot, H.J. *Le cheval des dieux.* Paris: Julliard, 1951.

Collectif d'auteurs, *Amériques noires.* Paris: Cahiers d'Etudes Africaines, XXXII (1), 125, 1992.

Cossard, G. "La fille de saint". Paris: *Journal de la société des Americanistes,* LVIII, 1969.

_____. "La musique dans le Candomblé". *La musique et la vie.* Paris: Office de la Coopération radiophonique, 1967.

_____. "La transe dans le Candomblé". Paris: CNRS. *Colloque international sur la notion de personne em Afrique noire,* 1969."

_____. "Le rôle de la femme de couleur dans les religions afro-brésiliennes". *La femme de couleur en Amérique latine* (sous la direction de Roger Bastide). Paris: Anthropos, 1974.

_____. *Contribuition à l'étude des Candomblé au Brésil. Le Candomblé angola.* Paris: Sorbonne, dactyl., 1970.

da Matta, R. *Carnavals, bandits et héros. Ambigüités de la société brésilienne.* Paris: Ed. du Seuil, 1983.

de Alencar, E. *O carnaval carioca através da música.* Rio de Janeiro: Livraria Francisco Alves, 1985.

de Azevedo Santos, M. S. *Meu Tempo é agora.* São Paulo: Oduduwa, 1993.

de Certeau, M. *L'écriture de l'histoire.* "Ethno-graphie. L'oralité, ou l'espace de l'autre: Léry". Paris: Gallimard, 1975.

de Lery, J. *Histoire d'un voyage faict em la terre du Brésil (1578),* présenté par Lestringant F. Précédé d'um entretien avec Lévi-Strauss, C. Paris: Le Livre de Poche. 1994.

de Queiroz Mattoso, K. *Etre esclave au Brésil. XVIe – XIXe siècles.* Paris: L'Harmattan, 1994.

_____. (sous la dir. de), *Mémoires et identités au Brésil.* Paris: L'Harmattan, 1996.

_____. *Esclavages. Histoire d'une diversité de l'Océan indien à l'Atlantique sud.* Paris: L'Harmattan, 1997.

dos Santos, J. E. *Os Nágô e a morte, Asésé e o culto Egun na Bahia.* Petropolis: Vozes, 1977.

Edwards, G., & Mason, J. *Black Gods-Orisá Studies in the New World.* New York: Yorubá Theological Archministry, 1985.

Farris Thompson, R. *Flash of the spirit african and afro-american art and philosophy.* New York: Random House, Inc., 1984.

Fichte, H. *Etnopoesia. Antropologia poética das religiões afro-americanas.* São Paulo: Brasiliense, 1987.

Freyre, G. *Maîtres et esclaves. La formation de la société brésilienne.* Paris: Gallimard 1974.

Gois Dantas. *Vovó nagô e Papai branco. Usos e abusos da África no Brasil.* Rio de Janeiro: Graal, 1988.

Gonçalves da Silva, V. *Candomblé e Umbanda. Caminhos da devoção brasileira.* São Paulo: Ática, 1994.

Gudolle Cacciatore, O. *Dicionário de Cultos afro-brasileiros.* Rio de Janeiro: Forense Universitária, 1977.

Hermary-Vieille, C. *L'ange noir*. Paris: Plon, 1997.

Landes, R. *A cidade das mulheres*. Rio de Janeiro: Civ. Brasileira, 1967, (tradução do livro de *The City of women*, 1947).

Lépine, C. *Analise formal do Panteão nágo*. Bandeira de Alaira. São Paulo: Nobel, 1982.

Lestringant, F. *André Thevet. cosmographe des derniers Valois*. Genève: Lib. Droz., 1991.

_____. (ed.) *Le Brésil d'André Thevet. Les Singularités de la France Antarctique (1557)*. Paris: Edit. Chandeigne, 1997.

Lévi-Strauss, C. *Tristes Tropiques*. Paris: Plon, 1995.

Ligiero, Z. *Iniciação ao Candomblé*. Rio de Janeiro: Record, 1993.

Lody, R. *Candomblé. Religião e resistência cultural*. São Paulo: Ática, 1987.

Lody, R. *Santo também come*. Rio de Janeiro: Pallas, 1998.

Lussagnet, S. (ed), *Les Français en Amérique pendant la deuxième moitié du XVIe siècle. I. Le Brésil et les Brésiliens par André Thevet*. Paris: PUF, 1953.

Luz, M.A., & Lapassade, G. *O segredo da macumba*. Rio de Janeiro: Paz e Terra, 1972.

Marcondes de Moura, C.E. (sous la direction de), *Meu sinal está no seu corpo. Escritos sobre a religião dos orixás*. São Paulo: EDICON/ EDUSP, 1989.

Marcondes de Moura, C.E. (sous la direction de), *As senhoras do pássaro da noite. Escritos sobre a religião dos orixás V*. São Paulo: EDICON/ EDUSP, 1994.

Mauro, F. *Histoire du Brésil*. Paris: Chandeigne, 1994.

Mestre Didi. *Contes noirs de Bahia*. Paris: Ed.Karthala, 1987.

Mestre Didi. *Historia de um terreiro nagô*. São Paulo: Limonad Ltda., 1988.

Métraux, A. *La civilisation matérielle des tribus Tupi-Guarani*. Paris: Lib. Leroux, 1928.

_____. *La religion des Tupinamba*. Paris: Lib. Leroux, E., 1928.

_____. *Le Vaudou haïtien*. Paris: Gallimard, 1958.

_____. *Itinéraires 1 (1935-1953)*. Paris: Payot, 1978.

Métraux, A., & Verger, P. *Le pied à l'étrier. Correspondance 1946-1963.* Jean Michel Place, 1994.

Miranda Rocha, A. *Caminhos de Odu.* Rio de Janeiro: Pallas, 1999.

Motta, R. *Meat and Feast. The Xango religion of Recife, Brazil.* New York: Columbia University, dactyl., 1988.

Muzart-Fonseca dos Santos, I. *La littérature de cordel au Brésil. Mémoire des voix, grenier d'histoires.* Paris: L'Harmattan, 1997.

Ortiz, R. *A morte branca do feiticeiro negro. Umbanda: integração de uma religião numa sociedade de classes.* Petrópolis: Vozes, 1978.

Pereira, N. *A casa das Minas. Cultos dos Voduns jeje no Maranhão.* Petrópolis: Vozes, 1979.

Pereira de Queiroz, M.I. *Carnaval brésilien. Le vécu et le mythe.* Gallimard, 1992.

Pierson, D. *Candomblé da Bahia.* Curitiba/São Paulo/Rio de Janeiro: Guaíra Limitada, 1942.

Pierson, D. *Negros in Brazil.* Chicago: The University of Chicago Press, 1942.

Portugal F. *Curso de cultura religiosa afro-brasileira.* Rio de Janeiro: Livraria Freitas Bastos, 1988.

Povoas, R. D. C. *A linguagem do Candomblé.* Rio de Janeiro: José Olympio, 1989.

Prandi, R. *Os Candomblés de São Paulo.* São Paulo: HUCITEC-EDUSP, 1991.

Pratt, H. *La macumba du gringo.* Paris: Dargaud Editeur, 1981.

Ramos, A. *O folk-lore negro do Brasil. Demopsychologia e psychanalyse.* Rio de Janeiro: Biblioteca de divulgação científica, 1935.

Sodré, M., & de Lima, L. F. *Um vento sagrado.* Rio de Janeiro: Mauad, 1996.

Staden, H. *Nus, féroces et anthropophages.* Paris: A.M. Métailié, 1979.

Torres, A. *Centro. Das nossas desatenções.* Rio de Janeiro: Relume-Dumará, 1996.

Veríssimo, E. *O Tempo e o vento.* São Paulo: Globo, 1987.

Vogel, A. & al. *A galinha-d'angola. Iniciação e identidade na cultura afro-brasileira.* Rio de Janeiro: Pallas, 1998.

3 Obras e artigos gerais

Adorno, Th. W. *Prismes. Critique de la culture et société.* Paris: Payot, 1986.

Augé, M. *Génie du paganisme.* Paris: Gallimard, 1982.

_____. *Le dieu objet.* Paris: Flammarion, 1988.

Balandier, G. *Le désordre. Eloge du mouvement.* Paris: Fayard, 1988.

Bancel, N. (sous la direction de). *Imagens et Colonies (1880-1962).* Paris: BDIC/ ACHAC, 1993.

Bataille, G. *L'érotisme.* Paris: Les Editions de Minuit, 1957.

Breton, A. *Arcane 17.* Paris: J.-J. Pauvert, 1971.

Caillé, A. *Critique de la raison utiliatire.* Paris: La Découverte, 1989.

de Montaigne, M. *Essais. Livre I.* "Des cannibales". Paris: Garnier-Flammarion, 1969.

Dion, M. "Les religions" et "La Nouvelle Alliance". Paris: *Cahiers Internationaux de Sociologie,* LXXXVI, 1989.

_____. *L'idéologie de l'homme nouveau. Le cas roumain.* A ser publicado.

Dumezil, G. *La religion romaine archaïque. Avec um appendice sur la religion des Etrusques.* Paris: Payot, 1987.

Eliade, M. *Le sacré et le profane.* Paris: Gallimard, 1965.

_____. *La nostalgie des origines.* Paris: Gallimard, 1971.

_____. *Méphistophélès et l'androgyne,* Paris: Gallimard, 1962.

Evans-Pritchard, E.E. *La religion des primitifs à travers les théories des anthropologues.* Paris: Payot, 1971.

Gauchet, M. *Le désenchatement du monde. Une histoire politiques de la religion.* Paris: Gallimard, 1985.

Godbout, J. T. em coll. Avec Caillé, A., *L'Esprit du don.* Paris: Ed. La Découverte, 1992.

Gruzinski, S. *La Pensée métisse.* Paris: Fayard, 1999.

Herskovits, M. J. *Man and his works.* New York: A. A. Knoopf, 1948.

Labourdette, J. F. *Histoire du Portugal.* Paris: PUF, 1995.

Lalande, A. *Vocabulaire technique et critique de la philosophie.* Paris: PUF, 1956.

Lapassade, G. *Les états modifiés de conscience.* Paris: PUF, 1987.

Leiris, M. *La Règle du jeu. III. Fibrilles.* Paris: Gallimard, 1966.

Leroi-Gourhan, A. *Les religions de la préhistoire.* Paris: PUF, 1976.

Lestringant, F. *L'atelier du cosmographe ou l'image du monde à la Renaissance.* Paris: A. Michel, 1991.

Lindqvist, S. *Exterminez toutes ces brutes. L'odyssée d'um homme au coeur de la nuit et les origines du génocide européen.* Paris: Le Serpent à Plumes, 1988.

Makarius, L.L. *Le sacré et la violation des interdits.* Paris: Payot, 1974.

Malinovski, B. *La vie sexuelle des sauvages du Nord-Ouest de la Mélanésie.* Paris: Payot, 1970.

Meillassoux, C. *Anthropologie de l'esclavage, le ventre de fer et d'argent.* Paris: PUF, 1986.

Mezzrow, M.M., & Wolfe, B. *La rage de vivre. Récit. Really the blues.* Paris: Corréa, 1946.

Michaux, D. Sous la direction de, *La transe et l'hypnose.* Paris: Ed. Imago, 1995.

Morus, Th. *L'Utopie.* Paris: Castéra C., 1945.

Otto, R. *Le sacré, l'élément non rationnel dans l'idée du divin et sa relation avec le rationnel.* Paris: Payot, 1969.

Poirier, J., & Raveau, F. (ed). *L'autre et l'ailleurs. Hommages à Roger Bastide.* Paris: Berger-Levrault, 1976.

Roheim, G. *La panique des dieux.* Paris: Payot, 1974.

Rouget, G. *La musique et la transe. Esquisse d'une théorie générale des relations de la musique et de la possession.* Paris: Gallimard, 1980.

Sabbatucci, D. "Syncrétisme", *Encyclopaedia Universalis. Corpus 21.* France S. A., 1992.

Sumário, Wachtel, N., *La vision des vaincus. Les Indiens du Pérou davant la Conquête espagnole. 1530-1570.* Paris: Gallimard, 1971.

Vernant, J.P., & al. *Divination et racionalité.* Paris: Ed. du Seuil, 1974.

Vilar, P. *Or et monnaie dans l'historie. 1450-1920.* Paris: Flammarion, 1974.

Wachtel, N. *La vision des vaincus. Les Indiens du Pérou davant la Conquête espagnole.* 1530-1570. Paris: Gallimard, 1971.

Livros Publicados pelo Autor

- *Sociologia e Ideologia*, Paris, Ed. Sociales, 1973.
- *Estado, Igreja e Lutas Populares*, Paris, PUF, 1980.
- *Os Católicos e o Poder. Crise do "consensus"*, Paris, Ed. Sociales, 1980.
- *A França Profunda*, Paris, Messidor/Ed. Sociales, 1988.
- *Igrejas, Estado e Identidade na Romênia Moderna (com bibliografia comentada)*, Paris, IRESCO/CNRS, 1992.
- *Necropse de uma Utopia. Investigação Sobre o Comunismo na Romênia (1981/1998).* A ser publicado.

Em colaboração:

- Com Michèle Salitot-Dion, *A Crise de uma Sociedade de Vilarejos*, Paris, Anthropos, 1972.

Direção de publicações:

- *Madonna Erotismo e Poder*, Paris, Ed. Kimé, 1994.

Contribuição para obras coletivas:

- *A Sociologia, Guia Alfabético*, sob a direção de Jean Duvignaud, Paris, Denöel-Gonthier, 1972.
- *Sociedades Campesinas e Lutas de Classes nos Vilarejos*, sob a direção de Marcel Jollivet, Paris, Armand Colin, 1974.
- *A Classe Operária Francesa e a Política*, Paris, Ed. Sociales, 1980.

Prefácio:

- Émile Durkheim, Ernest Denis, Quem Quis a Guerra? As Origens da Guerra Segundo os Documentos Diplomáticos, Paris, Ed. Kimé, 1996.

Este livro foi composto na tipologia Footlight MT Light, corpo 11 e entrelinha 13,2; Humanst 521 BR, corpo 18 e entrelinha 21,6 para os títulos. A impressão foi feita em papel Offset 75 g/m² para o miolo e Cartão Supremo 250 g/m² para a capa.

Impressão e Acabamento
Oesp Gráfica S.A (Com Filmes Fornecidos Pelo Editor)
Dept° Comercial Alameda Araguaia, 1901 - Barueri - Tamboré
Tel. 4195-1805 Fax 4195 - 1384